2. AUFLAGE

HTML

kurz & gut

Jennifer Niederst

Deutsche Übersetzung von Eva Wolfram

O'REILLY®

Beijing · Cambridge · Farnham · Köln · Paris · Sebastopol · Taipei · Tokyo

Kommentare und Fragen können Sie gerne an uns richten:
O'Reilly Verlag
Balthasarstr. 81
50670 Köln
Tel.: 0221/9731600
Fax: 0221/9731608
E-Mail: kommentar@oreilly.de

1. Auflage 2000
2. Auflage 2002

Die Deutsche Bibliothek – CIP-Einheitsaufnahme

Ein Titeldatensatz für diese Publikation ist bei der Deutschen Bibliothek erhältlich.

Übersetzung: Eva Wolfram
Lektorat: Michael Gerth, Köln
Korrektorat: Oliver Mosler, Köln
Satz: G & U e.Publishing Services GmbH, Flensburg
Umschlaggestaltung: Hanna Dyer, Pam Spremulli & Melanie Wang, Boston
Produktion: Geesche Kieckbusch, Köln
Druck: fgb freiburger graphische betriebe; www.fgb.de

ISBN 3-89721-243-9

Dieses Buch ist auf 100% chlorfrei gebleichtem Papier gedruckt.

Inhalt

HTML – kurz & gut

Einleitung

Diese Taschenreferenz bietet eine kompakte wie auch ausführliche Liste aller HTML-Tags und -Attribute, die in der Spezifikation HTML 4.01 des W3C, in Netscape Navigator und Internet Explorer definiert sind.

So verwenden Sie dieses Buch

Diese Referenz ist weitestgehend eine alphabetische Aufzählung aller Tags und ihrer Attribute mit Erklärungen und Informationen über ihre Browserunterstützung.

Der Abschnitt »Tag-Gruppen« enthält Tags, die von der Funktion her miteinander verwandt sind, und »Tag-Strukturen« erklärt anhand von Beispielen, wie die Standardelemente einer Webseite zusammengesetzt werden.

Das Buch enthält am Ende zudem ein paar nützliche Übersichten über Zeichenbeschreibungen (Character Entities) und über die Umwandlung von Dezimal- in Hexadezimalzahlen.

Weiterführende Literatur

Weitergehende Erläuterungen zum Thema HTML und Webdesign finden Sie in den O'Reilly-Titeln *Web Design in a Nutshell* von Jennifer Niederst und *HTML & XHTML: Das umfassende Referenzwerk* von Chuck Musciano und Bill Kennedy. Außerdem empfehlenswert ist *Webmaster in a Nutshell* von Stephen Spainhour und Valerie Quercia.

Die in diesem Buch enthaltenen Browserinformationen haben wir dem HTML-Kompendium von Ron Woodall entnommen. Ich lege Ihnen die Website des Kompendiums (*http://www.htmlcompendium.org*) als höchst ausführliche Erläuterung der HTML-Tags, -Attribute und -Werte sowie der sie unterstützenden Browser ans Herz.

In diesem Buch verwendete Schreibweisen

Die jeweilige Syntax erscheint rechts neben jedem Tag und gibt an, ob es sich um ein Container-Tag (mit passendem End-Tag) oder um ein alleinstehendes Tag handelt. Die Informationen zur Browserunterstützung finden Sie jeweils unter dem Tag. Browser, die das Tag nicht unterstützen, erscheinen grau. Die Attributunterstützung wird im Attributbeschreibungsabschnitt angegeben.

Tag-Gruppen

Die folgende Liste gruppiert HTML-Tags nach ihrer Funktionsweise. Genaue Beschreibungen jedes einzelnen Tags finden Sie in der »Alphabetischen Tag-Liste«.

Struktur-Tags

Folgende Tags dienen hauptsächlich zur Dokumentstrukturierung.

```
<!DOCTYPE>
<base>
<body>
<head>
<html>
<link>
```

<meta>
<title>

Text-Tags: Blockelemente

Blockelemente beginnen und enden immer mit einem Zeilenumbruch, und meist wird oberhalb und unterhalb auch noch etwas zusätzlicher Leerraum eingefügt.

<address>
<blockquote>
<dd>
<div>
<dl>
<dt>
<h1> bis <h6>
<li>
<ol>
<p>
<ul>

Text-Tags: Inline-Formatierungen

Die folgenden Tags beeinflussen die Textdarstellung. »Inline« bedeutet, daß sie einer Reihe von Zeichen innerhalb eines Blockelements zugewiesen werden können, ohne daß deshalb ein Zeilenumbruch erforderlich wäre.

<b>
<big>
<cite>
<code>
<em>
<font> (*veraltet*)
<i>
<kbd>
<pre>
<s> (*veraltet*)
<samp>

<small>
<span>
<strike> (*veraltet*)
<strong>
<sub>
<sup>
<tt>
<u> (*veraltet*)
<var>

Text-Tags: Logische Formatierungen

Logische oder inhaltsorientierte Formatierungen beschreiben die Bedeutung, den Kontext oder die Verwendung des Texts, den sie enthalten, und überlassen die Darstellung des Tags dem Browser.

<abbr>
<acronym>
<cite>
<code>
<del>
<div>
<em>
<ins>
<kbd>
<q>
<samp>
<span>
<strong>
<var>

Text-Tags: Darstellungsorientierte Formatierungen

Darstellungsorientierte Formatierungen enthalten genaue Darstellungsanweisungen.

<b>
<big>
<blink> (*nur Navigator*)
<font> (*veraltet*)
<i>
<s> (*veraltet*)
<small>
<strike> (*veraltet*)
<sub>
<sup>
<tt>
<u> (*veraltet*)

Listen-Tags

<dir> (*veraltet*)
<dl>
<dd>
<dt>
<li>
<menu> (*veraltet*)
<ol>
<ul>

Platzhalter- und Positionierungs-Tags

Mit den folgenden Tags steuert der Autor Zeilenumbrüche, Ausrichtung und Leerräume innerhalb eines HTML-Dokuments.

<center> (*veraltet*)
<nobr> (*nicht im Standard enthalten*)
<pre>
<spacer>
<table> (<th>, <tr>, <td>)
<wbr> (*nicht im Standard enthalten*)

Link-Tags

Die folgenden Tags erzeugen Links zwischen Dokumenten.

<a>
<link> (*wird hauptsächlich in Stylesheets verwendet*)
<map> (*wird in clientseitigen Imagemaps verwendet*)
<area> (*wird in clientseitigen Imagemaps verwendet*)

Tabellen-Tags

Die folgenden Tags werden zur Erstellung und Formatierung von Tabellen verwendet.

<caption>
<table>
<tr>
<td>
<th>

Folgende Tabellen-Tags werden von HTML 4.01 sowie Internet Explorer 4.0+ und Netscape 6 unterstützt.

<col>
<colgroup>
<tbody>
<thead>
<tfoot>

Rahmen-Tags

Rahmen werden mit den folgenden Tags erzeugt.

<frame>
<frameset>
<noframes>

Formular-Tags

Die folgenden Tags definieren Formulare und ihre Elemente.

```
<button>
<form>
<input>
   (type=button|checkbox|file|hidden|image|
      password|radio|reset|submit|text)
<option>
<select>
<textarea>
```

Folgende Formular-Tags werden von HTML 4.01, Internet Explorer 4.0+ und Netscape 6 unterstützt.

```
<fieldset>
<label>
<legend>
```

Multimedia-Tags

Folgende Tags fügen Multimedia-Elemente in Webseiten ein.

`<applet>` (*veraltet*)
`<bgsound>` (*nur Internet Explorer*)
`<embed>` (*aus HTML 4 entfernt*)
`<object>`
`<param>`

Skript-Tags

Folgende Tags fügen Skripten in HTML-Dokumente ein.

```
<script>
<noscript>
```

Veraltete Tags

Folgende Tags sind in HTML 4.01 zugunsten von Stylesheet-Formatierungen für veraltet erklärt worden.

```
<applet>
<basefont>
```

```
<center>
<dir>
<font>
<isindex>
<menu>
<s>
<strike>
<u>
```

Netscape Navigator-eigene Tags

Folgende Tags werden nur von Netscape Navigator unterstützt.

```
<blink>
<ilayer>
<keygen>
<layer>
<multicol>
<server>
<spacer>
```

Internet Explorer-eigene Tags

Folgende Tags werden nur von Internet Explorer unterstützt.

```
<bgsound>
<comment>
<marquee>
<ruby>
<rt>
```

Tag-Strukturen

Die folgenden Beispiele zeigen die Tag-Strukturen von allgemeinen Webseitenelementen. Erscheint ein Attribut innerhalb eines Tags, bedeutet dies, daß das Attribut erforderlich ist.

HTML-Dokument

Die Grundstruktur eines HTML-Dokuments sieht folgendermaßen aus:

```
<html>
  <head>
    <title>Dokumenttitel</title>
  </head>
  <body>
    Dokumentinhalt
  </body>
</html>
```

Listen

Es folgen einige Beispiele von einfachen Listen.

Definitionsliste

```
<dl>
   <dt>
      <dd>
   <dt>
      <dd>
</dl>
```

Geordnete (numerierte) Liste

```
<ol>
   <li>
   <li>
   <li>
</ol>
```

Ungeordnete Liste (mit Aufzählungspunkten)

```
<ul>
   <li>
   <li>
   <li>
</ul>
```

Verschachtelte Liste

```
<ol>
   <li>
   <li>
      <ul>
         <li>
         <li>
      </ul>
</ol>
```

Links in Dokumenten

Das erste <a>-Tag gibt einen Fragmentbezeichner an; das zweite <a>-Tag ist ein Link zurück zu diesem Fragment.

```
<a name="fragmentname">Text</a>
...
<a href="#fragmentname">Link zu Text</a>
```

Clientseitige Imagemaps

Im folgenden Beispiel ist das Bild *grafik.gif* eine Imagemap, die zwei anklickbare Bereiche enthält und die clientseitige Imagemap namens *map1* verwendet.

```
<map name="map1">
        <area shape="rect" coords="123,20,234,40"
        href="http://www.oreilly.com/">
        <area shape="circ" coords="111,50,25"
        href="index.html">
</map>

<img src="grafik.gif" usemap="map1">
```

Einfache Tabelle

Das folgende HTML-Beispiel zeigt die Grundstruktur einer einfachen Tabelle mit vier Zellen. Die Anzahl an Spalten wird von der Anzahl an Zellen (<td>) innerhalb eine Zeile (<tr>) bestimmt. Unsere Beispieltabelle hat zwei Zeilen und zwei Spalten.

```
<table>
   <tr>
      <td></td>
      <td></td>
   </tr>
   <tr>
      <td></td>
      <td></td>
   </tr>
</table>
```

Rahmendokument

Der folgende Code erzeugt ein Rahmendokument mit zwei Rahmen nebeneinander. Die Anzahl an Spalten wird anhand der Anzahl an Maßangaben ermittelt, die für das Attribut `cols` angegeben werden.

```
<html>
   <head>
      <title>Rahmendokument</title>
   </head>
   <frameset cols="*,*">
      <frame src="dok1.html">
      <frame src="dok2.html">
   <noframes>Ihr Browser bietet keine Rahmenfunktion.
   </noframes>
   </frameset>
</html>
```

Für ein Rahmendokument mit horizontalen Rahmen verwenden Sie das Attribut `rows`. So erzeugt `<frameset rows="*,*,*">` z.B. ein Rahmendokument mit drei horizontalen Rahmen gleicher Höhe.

Verschachtelte Rahmen

Das folgende Beispiel zeigt, wie Sie ein Rahmenset in einem anderen verschachteln können.

```
<frameset cols="*,*">
   <frame src="dok1.html">
   <frameset rows="50,150">
      <frame src="dok2.html">
```

```
        <frame src="dok3.html">
    </frameset>
</frameset>
```

Stylesheet-Informationen hinzufügen

Stylesheet-Informationen können einem Dokument auf drei verschiedene Arten hinzugefügt werden.

Externe Stylesheets:

```
<head>
    <link rel="stylesheet" href="URL der css-Datei"
    type="text/css">
</head>
```

Eingebettete Stylesheets:

```
<head>
    <style type="text/css">
    <!--
        selektor {eigenschaft: wert}
    -->
    </style>
</head>
```

Inline-Styles (über das Attribut `style` innerhalb des Element-Tags):

```
<element style="eigenschaft: wert">...</element>
```

Beispiel:

```
<h1 style="color: blue; font-size: 18pt;">...</h1>
```

Alphabetische Tag-Liste

Einige der Attribute in der HTML 4.01-Spezifikation sind fast allen Elementen gemeinsam. Aus Platzgründen haben wir sie in diesem Buch wie in der Spezifikation abgekürzt:

`%coreattrs` bezeichnet die HTML-Kernattribute gemäß der HTML 4.01-Spezifikation.

`id`
: Weist dem Element eine eindeutige Kennung zu.

`class`
: Weist dem Element einen Klassennamen zu.

`style`
: Entsprechende Stilinformationen

`title`
: Empfohlener Titel

`%i18n` steht für »internationalization« (i + 18 Zeichen + n) und enthält Attribute, die Dokumente und Elemente in allen Sprachen zugänglich machen sollen:

`lang`
: Gibt die Sprache des Elements über seinen zweistelligen Sprachcode an.

`dir`
: Gibt die Richtung des Elements an; als Werte kommen `ltr` (von links nach rechts) oder `rtl` (von rechts nach links) in Frage.

`%events` weist die Kernereignisse (laut HTML 4.01 DTD) aus, die von den Skriptsprachen verwendet werden, die auf das Element angewendet werden können:

```
onclick, ondblclick, onmousedown, onmouseup,
onmouseover, onmousemove, onmouseout, onkeypress,
onkeydown, onkeyup
```

<!--...-->

`<!-- Kommentar -->`

NN 2, 3, 4, 6 MSIE 2, 3, 4, 5, 5.5, 6 HTML 4.01 WebTV Opera5

Kennzeichnet einen Kommentar. Text innerhalb von Kommentar-Tags wird vom Browser nicht dargestellt.

<!DOCTYPE>

`<!DOCTYPE "DTD-NAME">`

NN 2, 3, 4, 6 MSIE 2, 3, 4, 5, 5.5, 6 HTML 4.01 WebTV Opera5

Gibt die Dokumenttypdefinition (DTD) an, die für das Dokument gilt.

Beispiele

```
<!DOCTYPE HTML PUBLIC "-//W3C//DTD HTML 4.01//EN">
<!DOCTYPE HTML PUBLIC "-//W3C//DTD HTML 4.01 Transitional/
  /EN">
```

<a>

<a>...</a>

NN 2, 3, 4, 6 MSIE 2, 3, 4, 5, 5.5, 6 HTML 4.01 WebTV Opera5

Definiert einen *Anker* innerhalb des Dokuments. Ein Anker verbindet ein Dokument mit dem anderen. Das Tag dient auch zur Kennzeichnung eines Dokumentfragments (auch *benannter Anker* genannt), das zur Verknüpfung mit bestimmten Punkten innerhalb eines HTML-Dokuments verwendet werden kann.

Attribute

Die Attribute mit der Bezeichnung »HTML 4.01« sind neu in der HTML 4.01-Spezifikation und werden im allgemeinen nur von Internet Explorer ab 5.5 und Netscape 6 unterstützt.

`%coreattrs, %i18n, %events, onfocus, onblur`

`accesskey=`*`Zeichen`*
: *HTML 4.01.* Weist dem Link einen sogenannten »Hotkey« (Zugriffsschlüssel, ein Tastaturkürzel) zu. Zugriffsschlüssel werden auch in Formularfeldern verwendet. Als Wert wird ein einzelnes Zeichen verwendet. Der Benutzer kann das Element über die Tastenkombination Alt-*Zeichen* (PC) oder Ctrl-*Zeichen* (Mac) erreichen.

`charset=`*`Zeichensatz`*
: *HTML 4.01.* Gibt den Zeichensatzcode (z.B. iso-8859-1) des Zieldokuments an.

`coords=`*`x/y-Koordinaten`*
: *HTML 4.01.* Gibt die x/y-Koordinaten eines anklickbaren Bereichs innerhalb einer Imagemap an. HTML 4.0 schlägt vor, daß clientseitige Imagemaps durch `<object>`-Tags ersetzt werden, die das Bild und eine Reihe von Anker-Tags enthalten, die die aktiven (»hot«) Bereiche festlegen (mit Attributen für Formen und Koordinaten). Dieses System ist in den Browsern noch nicht implementiert worden.

`href=`*`URL`*
: Gibt die URL des HTML-Zieldokuments oder der Webressource (z.B. eine Bild-, Audio-, PDF- oder andere Mediendatei) an.

`hreflang=`*`Sprachcode`*
: *HTML 4.01.* Gibt die Grundsprache des Zieldokuments an.

`id=`*`Text`*
: Weist dem Link eine unverwechselbare Kennung zu (ähnlich wie das `name`-Attribut), über die von einem Link, Skript oder Stylesheet aus auf ihn verwiesen werden kann. Ist vielseitiger als `name`, wird aber nicht so universell unterstützt.

`name=`*`Text`*
: Fügt einen Fragmentbezeichner in ein HTML-Dokument ein.

`rel=`*`Beziehung`*
: Legt eine Beziehung zwischen dem aktuellen und dem Zieldokument fest. Mögliche Beziehungen sind `stylesheet`, `next`, `prev`, `copyright`, `index` und `glossary`.

`rev=`*`Beziehung`*
: Gibt die Beziehung des Zieldokuments zum Quelldokument an (das Gegenstück zu `rev`).

`shape=rect|circle|poly|default`
: *HTML 4.01.* Definiert die Form eines anklickbaren Bereichs einer Imagemap. Dieses Attribut wird nur im `<a>`-Tag verwendet und ist Bestandteil der in HTML 4.01 vorgeschlagenen Ersetzung von clientseitigen Imagemaps durch eine Kombination von `<object>`- und `<a>`-Tags. Dieses System ist in den Browsern noch nicht implementiert worden.

`tabindex=`*`Zahl`*
: *HTML 4.01.* Gibt die Position des aktuellen Elements in der Tabulatorreihenfolge des aktuellen Dokuments an. Gültig sind Werte zwischen 0 und 32.767. Ist dieses Attribut gesetzt, kann der Benutzer mit der Tabulatortaste durch die Links auf einer Seite (oder die Felder in einem Formular) springen.

`target=`*`Text`*
: *Wird nicht von WebTV und Internet Explorer bis Version 2.0 unterstützt.* Gibt den Namen des Fensters oder Rahmens an, in dem das Zieldokument dargestellt werden soll.

title=*Text*
: Gibt einen Dokumenttitel für das Zieldokument an. Dieser wird manchmal als »Tooltip« dargestellt.

type=*MIME-Typ*
: Gibt den Inhaltstyp (MIME-Typ) des jeweiligen Inhalts an.

Beispiele

Zu einer lokalen Datei:

```
<A HREF="dateiname.html">...</A>
```

Zu einer externen Datei:

```
<A HREF="http://server/pfad/datei.html">...</A>
```

Zu einem Fragmentbezeichner:

```
<A HREF="http://server/pfad/datei.html#fragment">...</A>
```

Zu einem Fragmentbezeichner in der aktuellen Datei:

```
<A HREF="#fragment">...</A>
```

Zum Versenden einer E-Mail:

```
<A HREF="mailto:benutzername@domain">...</A>
```

Zu einer Datei auf einem FTP-Server:

```
<A HREF="ftp://server/pfad/dateiname">...</A>
```

<abbr>

`<abbr>...</abbr>`

NN 2, 3, 4, **6** **MSIE** 2, 3, 4, 5, **5.5, 6** **HTML 4.01** WebTV **Opera5**

Der enthaltene Text ist eine Abkürzung. Dieses Tag hat keinen Einfluß auf die Textdarstellung, kann aber zur Elementbestimmung in einem Stylesheet verwendet werden.

Attribute

%coreattrs, %i18n, %events

title=*Text*
: Gibt den vollständigen Text an, für den die Abkürzung steht. Dies kann für nicht-visuelle Browser, Sprachsynthesizer, Übersetzungssysteme und Suchmaschinen nützlich sein.

Beispiel

```
<ABBR TITLE="Massachusetts">Mass.</ABBR>
```

<acronym> `<acronym>...</acronym>`

NN 2, 3, 4, **6** **MSIE** 2, 3, **4, 5, 5.5, 6** **HTML 4.01** WebTV **Opera5**

Der enthaltene Text ist ein Akronym. Dieses Tag hat keinen Einfluß auf die Textdarstellung, kann aber zur Elementbestimmung in einem Stylesheet verwendet werden.

Attribute

`%coreattrs, %i18n, %events`

`title=`*`Text`*
: Gibt den vollständigen Text an, für den das Akronym steht. Dies kann für nicht-visuelle Browser, Sprachsynthesizer, Übersetzungssysteme und Suchmaschinen nützlich sein.

Beispiel

```
<ACRONYM TITLE="World Wide Web">WWW</ACRONYM>
```

<address> `<address>...</address>`

NN 2, 3, 4, 6 **MSIE 2, 3, 4, 5, 5.5, 6** **HTML 4.01** **WebTV** **Opera5**

Gibt Eigentümer- oder Autoreninformationen an, meist am Anfang oder Ende eines Dokuments. Adressen werden normalerweise in Kursivschrift mit einem zusätzlichen Zeilenumbruch (aber ohne zusätzlichen Zwischenraum) ober- und unterhalb formatiert.

Attribute

`%coreattrs, %i18n, %events`

<applet> `<applet>...</applet>`

NN 2, 3, 4, 6 **MSIE** 2, **3, 4, 5, 5.5, 6** **HTML 4.01** WebTV **Opera5**

Veraltet. Dieses Tag (wurde in Netscape Navigator 2.0 eingeführt) wird zur Plazierung eines Java-Applets auf der Webseite verwendet. `<applet>` und seine Attribute sind zugunsten des `<object>`-Elements für veraltet erklärt worden, sind jedoch noch oft anzutreffen. Manche Applets bestehen auf die Verwendung von `<applet>`. Außerdem unterstützen Navigator bis Version 4 sowie Internet Explorer 4 Java-Applets über `<object>`-Tags nicht.

Attribute

`%coreattrs`

`align=left|right|top|middle|bottom`
: Richtet das Applet aus und ermöglicht das Umfließen mit Text (wie bei der Bildausrichtung).

`alt=`*`Text`*
: Gibt einen Alternativtext an, wenn das Applet nicht dargestellt werden kann.

`archive=`*`URLs`*
: Liefert eine durch Leerzeichen getrennte Liste von URLs mit Klassen, die im voraus geladen werden sollen.

`code=`*`Klasse`*
: *Erforderlich.* Gibt den Klassennamen des auszuführenden Codes an.

`codebase=`*`URL`*
: URL, von der der Applet-Code geladen wird.

`height=`*`Pixelwert`*
: *Erforderlich.* Gibt die Höhe des Darstellungsbereichs des Applets an.

`hspace=`*`Pixelwert`*
: Fügt links und rechts neben dem Applet-Fenster Leerraum ein.

`name=`*`Text`*
: Gibt einen Namen für das Applet an, auf den an anderer Stelle im Dokument verwiesen werden kann.

`object=`*`Text`*
: Benennt eine Ressource mit einer seriellen Darstellung der Zustände eines Applets. Wird relativ zur Codebasis des Applets interpretiert. Die seriellen Daten enthalten den Klassennamen des Applets, nicht jedoch die Implementierung. Mit dem Klassennamen kann die Implementierung aus einer Klas-

sendatei oder einem Archiv abgerufen werden. Es muß entweder code oder object angegeben werden. Werden sowohl code als auch object angegeben, ergibt es einen Fehler, wenn unterschiedliche Klassennamen angegeben sind.

vspace=*Pixelwert*
: Fügt ober- und unterhalb des Applet-Fensters Leerraum ein.

width=*Pixelwert*
: *Erforderlich.* Gibt die Breite des Darstellungsbereichs des Applets an.

<area>

<area> *(kein End-Tag)*

NN 2, 3, 4, 6 MSIE 2, 3, 4, 5, 5.5, 6 HTML 4.01 WebTV Opera5

Das area-Tag wird innerhalb des <map>-Tags einer *clientseitigen Imagemap* verwendet und definiert einen bestimmten Bereich als »hot« (anklickbar).

Attribute

%coreattrs, %i18n, %events, onfocus, onblur

accesskey=*einzelnes Zeichen*
: Weist dem Element ein Tastaturkürzel zu. Durch Betätigung des Tastaturkürzels erhält das Element den Fokus (es wird angesteuert und hervorgehoben).

alt=*Text*
: *Erforderlich.* Liefert eine Kurzbeschreibung des Bilds, wenn die Bilddatei nicht verfügbar ist.

coords=*Werte*
: Liefert eine durch Kommas getrennte Liste mit Pixelkoordinaten, die den aktiven (»hot«) Bereich einer Imagemap definieren. Die Syntax für die Koordinaten hängt von der jeweiligen Form ab.

href=*URL*
: Gibt die URL des Dokuments oder der Datei an, das bzw. die durch das Anklicken des definierten Bereichs aufgerufen wird.

nohref
: Definiert einen »maussensitiven« Bereich innerhalb einer Imagemap, in dem das Anklicken keine Wirkung hat.

shape=rect|circle|poly|default
: Definiert die Form des anklickbaren Bereichs.

tabindex=*Zahl*
: Weist dem aktuellen Element eine Position in der Tabulatorreihenfolge des aktuellen Dokuments zu.

<b>

<b>...</b>

NN 2, 3, 4, 6 MSIE 2, 3, 4, 5, 5.5, 6 HTML 4.01 WebTV Opera5

Der enthaltene Text wird fett dargestellt.

Attribute

%coreattrs, %i18n, %events

<base>

<base> *(kein End-Tag)*

NN 2, 3, 4, 6 MSIE 2, 3, 4, 5, 5.5, 6 HTML 4.01 WebTV Opera5

Gibt den Basis-Pfadnamen für alle relativen URLs innerhalb des Dokuments an. Dieses Element sollte im <head>-Abschnitt des Dokuments untergebracht werden.

Attribute

href=*URL*
: *Erforderlich.* Gibt die zu verwendende URL an.

target=*Name*
: *Wird nicht in MSIE 2.0 unterstützt.* Definiert das Standardzielfenster für alle Links im Dokument. Wird oft verwendet, um auf Rahmen zu zielen.

<basefont>

<basefont> *(kein End-Tag)*

NN 2, 3, 4, 6 MSIE 2, 3, 4, 5, 5.5, 6 HTML 4.01 WebTV Opera5

Veraltet. Gibt für den auf das Tag folgenden Text bestimmte Schriftmerkmale an. Kann innerhalb von <head> für das gesamte Dokument oder im Dokumentkörper für den jeweils folgenden Text eingesetzt werden.

Attribute

`size=`*`Wert`*
: *Erforderlich.* Legt anhand der HTML-Größenwerte von 1 bis 7 (oder über relative Werte, die von der Standardgröße 3 ausgehen) den Schriftgrad für die Grundschrift fest. Nachfolgende relative Schriftgradeinstellungen werden anhand dieses Werts ermittelt.

Nur Internet Explorer 3.0+

`color="`*`#rrggbb`*`"` oder *`Name`*
: Legt die Farbe des nachfolgenden Texts über hexadezimale RGB-Werte fest.

`face=`*`Font`*
: Bestimmt die Schriftart für den nachfolgenden Text.

<bdo>

`<bdo>...</bdo>`

NN 2, 3, 4, 6 **MSIE 2, 3, 4, 5, 5.5, 6** **HTML 4.01** **WebTV** **Opera5**

Ändert die aktuelle Laufrichtung des Texts (»bidirectional override«).

Attribute

`%coreattrs, %i18n`

<bgsound>

`<bgsound>` *(kein End-Tag)*

NN 2, 3, 4, 6 **MSIE 2, 3, 4, 5, 5.5, 6** HTML 4.01 WebTV Opera5

Nur Internet Explorer. Fügt dem Dokument eine Audiodatei hinzu, die beim Laden der Seite als akustischer Hintergrund abgespielt werden soll.

Attribute

`loop=`*`Zahl`* oder `infinite`
: Gibt an, wie oft die Audiodatei abgespielt werden soll.

`src=`*`URL`*
: *Erforderlich.* Gibt den Speicherort der Audiodatei an.

<big>

<big>...</big>

NN 2, 3, 4, 6 MSIE 2, 3, 4, 5, 5.5, 6 HTML 4.01 WebTV Opera5

Stellt den Text einen Schriftgrad größer als den umgebenden Text dar.

Attribute

`%coreattrs, %i18n, %events`

<blink>

<blink>...</blink>

NN 2, 3, 4, 6 MSIE 2, 3, 4, 5, 5.5, 6 HTML 4.01 WebTV Opera5

Der enthaltene Text blinkt in Netscape.

<blockquote>

<blockquote>...</blockquote>

NN 2, 3, 4, 6 MSIE 2, 3, 4, 5, 5.5, 6 HTML 4.01 WebTV Opera5

Der enthaltene Text ist ein (längeres) »Blockzitat«, das im Normalfall links und rechts eingerückt und mit zusätzlichem Leerraum unter- und oberhalb des Absatzes dargestellt wird.

Bitte beachten Sie:

- Manche älteren Browser stellen Blockzitate kursiv dar, wodurch sie schlechter lesbar sind.
- Die verschiedenen Browser stellen Bilder innerhalb von Zitaten unterschiedlich dar. Manche richten das Bild am eingerückten Zitatrand aus, andere am normalen Absatzrand. Am besten macht man mehrere Testläufe mit verschiedenen Browsern.

Attribute

`%coreattrs, %i18n, %events`

`cite=`*URL*
: Liefert Quellenangaben für das Zitat. Wird nicht oft verwendet.

<body>

<body>...</body> *(Start- und End-Tag optional)*

NN 2, 3, 4, 6 MSIE 2, 3, 4, 5, 5.5, 6 HTML 4.01 WebTV Opera5

Definiert den Anfang und das Ende des Dokumentkörpers. Der Dokumentkörper enthält den Dokumentinhalt (den Teil, der im

Browserfenster dargestellt wird). Die Attribute des <body>-Tags wirken sich auf das gesamte Dokument aus.

Attribute

`%coreattrs, %i18n, %events`

`alink="#`*`rrggbb`*`"` oder *Farbname*
: *Veraltet.* Legt die Farbe von aktiven Links fest (also die Farbe, die der Link hat, während die Maustaste beim Anklicken gedrückt ist). Die Farbe kann als hexadezimaler RGB-Wert oder als Standard-Webfarbname angegeben werden.

`background=`*`URL`*
: *Veraltet.* Liefert die URL einer Grafikdatei, die als »Kachel« für den Dokumenthintergrund verwendet werden soll.

`bgcolor="#`*`rrggbb`*`"` oder *Farbname*
: *Veraltet.* Legt die Hintergrundfarbe des Dokuments fest. Die Farbe kann als hexadezimaler RGB-Wert oder als Standard-Webfarbname angegeben werden.

`link="#`*`rrggbb`*`"` oder *Farbname*
: *Veraltet.* Legt die Standardfarbe für alle Links innerhalb des Dokuments fest. Die Farbe kann als hexadezimaler RGB-Wert oder als Standard-Webfarbname angegeben werden.

`text="#`*`rrggbb`*`"` oder *Farbname*
: *Veraltet.* Legt die Standardfarbe für Nicht-Hyperlink-Text und nicht anderweitig formatierten Text innerhalb des Dokuments fest. Die Farbe kann als hexadezimaler RGB-Wert oder als Standard-Webfarbname angegeben werden.

`vlink="#`*`rrggbb`*`"` oder *Farbname*
: *Veraltet.* Legt die Standardfarbe für besuchte Links (Links, die bereits angesteuert wurden) innerhalb des Dokuments fest. Die Farbe kann als hexadezimaler RGB-Wert oder als Standard-Webfarbname angegeben werden.

Nur Netscape Navigator 4.0+

`marginwidth=`*`Pixelwert`*
: Gibt den Abstand zwischen dem linken und rechten Browserrand und dem Text bzw. den Grafiken innerhalb des Fensters an.

`marginheight=`*`Pixelwert`*
: Gibt den Abstand zwischen dem oberen und unteren Browserrand und dem Text und den Grafiken innerhalb des Fensters an.

Nur Internet Explorer

`bgproperties=fixed`
: Ist `fixed` angegeben, wird das Hintergrundbild nicht mit dem Dokumentinhalt mitgescrollt.

`leftmargin=`*`Pixelwert`*
: Gibt den Abstand zwischen dem linken Browserrand und dem Beginn des Texts oder der Grafiken innerhalb des Fensters an.

`topmargin=`*`Pixelwert`*
: Gibt den Abstand zwischen dem oberen Browserrand und dem oberen Rand von Text oder Grafiken innerhalb des Fensters an.

`rightmargin=`*`Pixelwert`*
: Gibt den Abstand zwischen dem rechten Browserrand und dem Text oder den Grafiken innerhalb des Fensters an.

`bottommargin=`*`Pixelwert`*
: Gibt den Abstand zwischen dem unteren Browserrand und dem unteren Rand von Text oder Grafiken innerhalb des Fensters an.

`<br>` *(kein End-Tag)*

NN 2, 3, 4, 6 MSIE 2, 3, 4, 5, 5.5, 6 HTML 4.01 WebTV Opera5

Unterbricht den Text und beginnt eine neue Zeile, fügt aber keinen zusätzlichen Leerraum ein.

Attribute

`%coreattrs`

`clear=all|left|right|none`
: Unterbricht den Textfluß und läßt den Text in die nächste freie Zeile nach dem angegebenen Rand fließen. Dieses Attribut wird oft dazu verwendet, um Text unterhalb einer ausgerichteten Grafik weiterlaufen zu lassen (und um das Umfließen der Grafik mit Text zu verhindern). Die Standardein-

stellung ist none, wodurch ein einfacher Zeilenumbruch erzeugt wird.

<button>

`<button>...</button>`

NN 2, 3, 4, **6** **MSIE** 2, 3, **4, 5.5, 6** **HTML 4.01** WebTV Opera5

Definiert einen »Button«, der ähnlich funktioniert wie die mit dem input-Tag erzeugten Buttons, außerdem aber vielfältigere Darstellungsmöglichkeiten bietet. Buttons können z.B. Text oder Grafiken (nicht aber Imagemaps) als Inhalt haben.

Attribute

%coreattrs, %i18n, %events, onfocus, onblur

accesskey=*einzelnes Zeichen*
: Weist dem Element ein Tastaturkürzel zu. Über dieses Tastaturkürzel erhält das Element den Fokus (d.h. es wird angesteuert und hervorgehoben).

disabled
: Macht das Formularelement für Benutzereingaben unzugänglich.

name=*Text*
: *Erforderlich.* Weist dem Element einen Namen zu.

type=submit|reset|button
: Legt den Button-Typ fest: Submit-Button (Standardeinstellung), Reset-Button oder ein eigener Button (wird mit JavaScript verwendet).

value=*Text*
: Weist dem Button-Steuerelement einen Wert zu. Das Verhalten des Buttons wird über das Attribut type festgelegt.

tabindex=*Zahl*
: Weist dem aktuellen Element eine Position in der Tabulatorreihenfolge des aktuellen Dokuments zu.

<caption>

`<caption>...</caption>`

NN 2, 3, 4, 6 **MSIE 2, 3, 4, 5, 5.5, 6** **HTML 4.01** **WebTV** **Opera5**

Enthält eine kurze Zusammenfassung von Inhalt und Zweck der Tabelle. Diese Tabellenüberschrift muß direkt auf das <table>-Tag folgen und vor allen anderen Tags gesetzt werden. Die Breite der Überschrift ist durch die Breite der Tabelle bestimmt. Die Position der Überschrift innerhalb des Browserfensters kann mit dem `align`-Attribut (oder mit `valign` in MSIE) bestimmt werden.

Attribute

`%coreattrs, %i18n, %events`

`align=top|bottom|left|right`
: *Veraltet.* Positioniert die Überschrift relativ zur Tabelle. Standardeinstellung ist `top`.

`valign=top|bottom`
: *Nur Internet Explorer ab Version 3.0.* Positioniert die Überschrift über oder unter der Tabelle (Standardeinstellung ist `top`).

<center>

`<center>...</center>`

NN 2, 3, 4, 6   MSIE 2, 3, 4, 5, 5.5, 6   HTML 4.01   WebTV   Opera5

Veraltet. Zentriert die enthaltenen Elemente horizontal auf der Seite (eine Kurzform für `<DIV align=center>`).

Attribute

`%coreattrs, %i18n, %events`

<cite>

`<cite>...</cite>`

NN 2, 3, 4, 6   MSIE 2, 3, 4, 5, 5.5, 6   HTML 4.01   WebTV   Opera5

Gibt einen Querverweis an – eine Referenz auf ein anderes Dokument, insbesondere auf Bücher, Zeitschriften, Artikel und so weiter. Die Browser stellen Verweise im Normalfall kursiv dar.

Attribute

`%coreattrs, %i18n, %events`

<code>

`<code>...</code>`

NN 2, 3, 4, 6   MSIE 2, 3, 4, 5, 5.5, 6   HTML 4.01   WebTV   Opera5

Weist auf ein Codebeispiel hin. Code wird normalerweise in der Nichtproportionalschrift des Browsers (meist Courier) dargestellt.

Attribute

`%coreattrs, %i18n, %events`

<col>

<col> *(kein End-Tag)*

NN 2, 3, 4, **6** **MSIE** 2, **3, 4, 5, 5.5, 6** **HTML 4.01** WebTV Opera5

Gibt die Eigenschaften einer Spalte (oder Gruppe von Spalten) innerhalb einer *Spaltengruppe* (<colgroup>) an. Spalten können auch dann gemeinsame Attribute (z.B. zur Textausrichtung) haben, wenn sie nicht formal in einer Gruppe zusammengefaßt sind.

Spaltengruppen und Spalten wurden mit Internet Explorer 3.0 eingeführt und in der HTML 4.0-Spezifikation als Standardmethode zur Kennzeichnung von Tabellenstrukturen vorgeschlagen. Sie dienen eventuell auch zur schnelleren Tabellendarstellung (weil die Spalten nach und nach dargestellt werden können, ohne daß man auf den gesamten Tabelleninhalt warten muß).

Attribute

`%coreattrs, %i18n, %events`

`align=left|right|center|justify|char`
: *Veraltet.* Legt die Ausrichtung des Texts innerhalb der Zellen einer Spalte fest. Standardausrichtung ist linksbündig, `left`.

`char=`*`Zeichen`*
: Gibt ein Zeichen an, das zur Ausrichtung des Zellinhalts verwendet wird, wenn `align` auf `char` gesetzt ist. Das Standardzeichen ist der Dezimalpunkt (je nach Spracheinstellung). Dieses Attribut wird im allgemeinen nicht von den aktuellen Browsern unterstützt.

`charoff=`*`Länge`*
: Gibt den Abstand zum ersten Ausrichtungszeichen (`char`) in jeder Zeile an. Verwendet eine Zeile kein Ausrichtungszeichen, sollte sie horizontal so ausgerichtet werden, daß sie an der Ausrichtungsposition endet. Dieses Attribut wird im allgemeinen nicht von den aktuellen Browsern unterstützt.

`span=`*`Zahl`*
: Gibt die Anzahl an Spalten an, die das <col>-Element umfaßt.

Standardwert ist 1. Alle Spalten innerhalb des Elements werden gemäß der Attributeinstellungen in `<col>` formatiert.

`valign=top|middle|bottom|baseline`
: *Veraltet.* Gibt die vertikale Textausrichtung innerhalb der Zellen einer Spalte an.

`width=`*`Pixel, Prozentwert, n*`*
: Gibt die Breite der Spalten innerhalb eines `<col>`-Elements an. Die Breite kann entweder in Pixeln oder in Prozent oder als relative Größe (*) angegeben werden. `2*` richtet die Spalte z.B. doppelt so breit wie die übrigen Spalten ein; `0*` bewirkt, daß die Spalte die für die Darstellung des Spalteninhalts nötige Minimalgröße erhält. `width` innerhalb des `<col>`-Tags hat Vorrang vor den Breiteneinstellungen im übergeordneten `<colgroup>`-Element.

<colgroup>

`<colgroup>...</colgroup>` *(End-Tag optional)*

NN 2, 3, 4, **6** **MSIE** 2, **3, 4, 5, 5.5, 6** **HTML 4.01** WebTV Opera5

Erzeugt eine *Spaltengruppe*, einen strukturellen Teilbereich einer Tabelle, dem man über Stylesheets oder HTML bestimmte Attribute zuweisen kann. Eine Tabelle kann mehrere Spaltengruppen enthalten. Die Anzahl der Spalten innerhalb einer Gruppe wird entweder durch den Wert des span-Attributs oder durch eine Reihe von `<col>`-Spalten innerhalb der Gruppe angegeben. Das End-Tag ist optional.

Spaltengruppen und Spalten wurden mit Internet Explorer 3.0 eingeführt und in der HTML 4.0-Spezifikation als Standardmethode zur Kennzeichnung von Tabellenstrukturen vorgeschlagen. Sie dienen eventuell auch zur schnelleren Tabellendarstellung (weil die Spalten nach und nach dargestellt werden können, ohne daß man auf den gesamten Tabelleninhalt warten muß).

Attribute

`%coreattrs, %i18n, %events`

`align=left|right|center|justify|char`
: *Veraltet.* Legt die Ausrichtung des Texts innerhalb der Zellen einer Spaltengruppe fest. Der Standardwert ist `left`.

`char=`*`Zeichen`*
: Gibt ein Zeichen an, das zur Ausrichtung des Zellinhalts verwendet wird, wenn `align` auf `char` gesetzt ist. Das Standardzeichen ist der Dezimalpunkt (je nach Spracheinstellung). Dieses Attribut wird im allgemeinen nicht von den aktuellen Browsern unterstützt.

`charoff=`*`Länge`*
: Gibt den Abstand zum ersten Ausrichtungszeichen (`char`) in jeder Zeile an. Verwendet eine Zeile kein Ausrichtungszeichen, sollte sie horizontal so ausgerichtet werden, daß sie an der Ausrichtungsposition endet. Dieses Attribut wird im allgemeinen nicht von den aktuellen Browsern unterstützt.

`span=`*`Zahl`*
: Gibt die Anzahl der Spalten innerhalb der Spaltengruppe an. Wird `span` nicht angegeben, gilt die Standardeinstellung 1.

`valign=top|middle|bottom|baseline`
: *Veraltet.* Gibt die vertikale Textausrichtung innerhalb der Zellen einer Spaltengruppe an. Standardeinstellung ist `middle`.

`width=`*`Pixel, Prozentwert, n*`*
: Gibt die Breite der Spalten innerhalb der aktuellen Spaltengruppe an. Die Breite kann entweder in Pixeln oder in Prozent oder als relative Größe (*) angegeben werden. `0*` bewirkt, daß die Spalte die für die Darstellung des Spalteninhalts nötige Minimalbreite erhält.

<comment>

`<comment>...</comment>`

NN 2, 3, 4, 6 **MSIE** 2, 3, **4, 5, 5.5, 6** HTML 4.01 **WebTV** Opera5

Zeichnet in Internet Explorer und WebTV einen Kommentar aus. Kommentare werden im Browser nicht dargestellt.

<dd>

`<dd>...</dd>` *(End-Tag optional)*

NN 2, 3, 4, 6 MSIE 2, 3, 4, 5, 5.5, 6 HTML 4.01 WebTV Opera5

Kennzeichnet den Definitionsabschnitt eines Eintrags in einer Definitionsliste. Die Definition wird normalerweise links eingerückt. Das End-Tag wird üblicherweise weggelassen, sollte aber nicht fehlen, wenn Stylesheets verwendet werden.

Attribute

`%coreattrs, %i18n, %events`

`compact`
: *Veraltet.* Stellt die Liste so kompakt wie möglich dar. Nur wenige Browser unterstützen das `compact`-Attribut.

<del>

`<del>...</del>`

NN 2, 3, 4, **6** **MSIE** 2, 3, **4, 5, 5.5, 6** **HTML 4.01** WebTV **Opera5**

Markiert gelöschten Text. Dieses Tag hat keine eigenen Formateigenschaften, kann aber dazu verwendet werden, Text über Stylesheet-Formatierungen unsichtbar zu machen oder durchgestrichen darzustellen. Es ist für juristische Dokumente und für alle anderen Einsatzgebiete, wo man Änderungen zurückverfolgen können muß, sinnvoll. Sein Gegenspieler ist *eingefügter* Text (`<ins>`). Beide Tags können sowohl Inline- als auch Blockelemente kennzeichnen.

Attribute

`%coreattrs, %i18n, %events`

`cite=`*`URL`*
: Kann gesetzt werden, um auf ein Quelldokument zu verweisen, in dem erklärt wird, warum das Dokument geändert wurde.

`datetime=`*`JJJJ-MM-DDThh:mm:ssTZD`*
: Gibt das Datum und die Uhrzeit der Änderung an. Datum und Zeit werden im obengenannten Format dargestellt, wobei `JJJJ` das vierstellige Jahr, `MM` den zweistelligen Monat, `DD` den Tag, `hh` die Stunde (00 bis 23), `mm` die Minute (00 bis 59) und `ss` die Sekunden (00 bis 59) darstellt. TZD bedeutet »Time Zone Designator« (Zeitzonenbezeichner) und akzeptiert als Wert entweder `Z` (für UTC, Coordinated Universal Time) oder eine Angabe der Stunden und Minuten vor UTC (z. B. +03:00) oder eine Angabe der Stunden und Minuten nach UTC (zum Beispiel –02:20).

: Dies ist das Standardformat für Datums- und Zeitwerte in HTML. Näheres hierzu finden Sie unter *http://www.w3.org/TR/1998/NOTE-datetime-19980827*.

<dfn>

`<dfn>...</dfn>`

NN 2, 3, 4, 6 **MSIE** 2, 3, 4, 5, 5.5, 6 **HTML** 4.01 **WebTV** **Opera5**

Deutet auf den Definitionscharakter des enthaltenen Ausdrucks hin. Wird normalerweise fett dargestellt und hebt besondere Ausdrücke und Begriffe hervor.

Attribute

`%coreattrs, %i18n, %events`

<dir>

`<dir>...</dir>`

NN 2, 3, 4, 6 **MSIE** 2, 3, 4, 5, 5.5, 6 **HTML** 4.01 **WebTV** **Opera5**

Veraltet. Erzeugt eine Verzeichnisliste mit Listeneinträgen `<li>`. Verzeichnislisten wurden ursprünglich für die Darstellung von Dateilisten mit kurzen Dateinamen entwickelt, werden aber inzwischen als veraltet betrachtet und sollten durch ungeordnete Listen (`<ul>`) ersetzt werden. Die meisten Browser stellen Verzeichnislisten genauso wie ungeordnete Listen dar (mit Aufzählungszeichen, Bullets), manche verwenden jedoch ein mehrspaltiges Format.

Attribute

`%coreattrs, %i18n, %events`

`compact`
: *Veraltet.* Stellt die Liste so kompakt wie möglich dar. Nur wenige Browser unterstützen das `compact`-Attribut.

<div>

`<div>...</div>`

NN 2, 3, 4, 6 **MSIE** 2, 3, 4, 5, 5.5, 6 **HTML** 4.01 **WebTV** **Opera5**

Erzeugt einen allgemeinen »Abschnitt« (Division) innerhalb des Dokuments. Dieses Tag kann einem HTML-Dokument Struktur verleihen. Als `<div>` in HTML 3.2 eingeführt wurde, implementierten die wichtigeren Browser nur die Ausrichtungsfunktion (über das `align`-Attribut). Dieses Tag hat zwar keine eigenen Darstellungseigenschaften, kann aber zusammen mit den Attributen `class` und `id` verwendet und dann über Stylesheets formatiert werden. Da Abschnitte Blockelemente sind, werden sie üblicherweise mit etwas zusätzlichem Leerraum ober- und unterhalb dargestellt.

Attribute

`%coreattrs, %i18n, %events`

`align=center|left|right`
: *Veraltet.* Legt die Ausrichtung des Texts innerhalb des Tags auf mittig, links- oder rechtsbündig fest.

`class=`*Name*
: Weist einem Element oder einer Gruppe von Elementen einen Namen zu. Elemente, die dieselbe `class`-Bezeichnung aufweisen, können als Gruppe behandelt werden.

`id=`*Name*
: Weist einem Element einen unverwechselbaren Namen zu. Derselbe `id`-Name darf innerhalb eines Dokuments nicht mehrmals vorkommen.

`style=`*Stileigenschaften*
: Bettet Formatinformationen ein, die auf den Abschnittsinhalt angewendet werden sollen.

<dl>

`<dl>...</dl>`

NN 2, 3, 4, 6 MSIE 2, 3, 4, 5, 5.5, 6 HTML 4.01 WebTV Opera5

Legt eine Definitionsliste mit Definitionsbegriffen (<dt>) und Erklärungen (<dd>) an.

Attribute

`%coreattrs, %i18n, %events`

`compact`
: *Veraltet.* Stellt die Liste so kompakt wie möglich dar. Nur wenige Browser unterstützen das `compact`-Attribut.

<dt>

`<dt>...</dt>` *(End-Tag optional)*

NN 2, 3, 4, 6 MSIE 2, 3, 4, 5, 5.5, 6 HTML 4.01 WebTV Opera5

Kennzeichnet den Begriffsteil eines Eintrags in einer Definitionsliste. Das End-Tag wird im Normalfall weggelassen, sollte aber nicht fehlen, wenn Stylesheets verwendet werden.

Attribute

`%coreattrs, %i18n, %events`

<em>

`<em>...</em>`

NN 2, 3, 4, 6 MSIE 2, 3, 4, 5, 5.5, 6 HTML 4.01 WebTV Opera5

Kennzeichnet hervorgehobenen Text. Fast alle Browser stellen so formatierten Text kursiv dar.

Attribute

`%coreattrs, %i18n, %events`

<embed>

`<embed>...</embed>`

NN 2, 3, 4, 6 MSIE 2, 3, 4, 5, 5.5, 6 HTML 4.01 WebTV Opera5

Bettet ein Objekt in die Webseite ein. Eingebettete Objekte sind oft Multimediadateien (z.B. Flash-Movies, Quicktime-Movies und so weiter), für deren Darstellung bestimmte Plug-ins nötig sind. Bestimmte Medientypen und ihre jeweiligen Plug-ins haben außer den unten aufgeführten Attributen auch noch eigene Attribute für die Playback-Steuerung der Datei. Das End-Tag ist nicht immer erforderlich, seine Verwendung ist aber empfehlenswert.

Attribute

`align=left|right|top|bottom`

Nur NN 4.0+ und MSIE 4.0+. Regelt die Ausrichtung des Medienobjekts relativ zum umgebenden Text. Standardeinstellung ist `bottom`. `top` und `bottom` dienen der vertikalen Ausrichtung. `left` und `right` positionieren das Objekt am linken oder rechten Rand und ermöglichen den Textumfluß.

`height=`*`Pixelwert`*

Gibt die Objekthöhe an. Manche Medientypen benötigen dieses Attribut.

`hidden=yes|no`

Verbirgt die Mediendatei oder den Player, wenn auf yes eingestellt. Standardwert ist `no`.

`name=`*`Name`*
: Liefert einen Namen für das eingebettete Objekt. Dies ist besonders dann nützlich, wenn von einem Skript aus auf das Objekt verwiesen wird.

`palette=foreground|background`
: *Nur NN 4.0+ und MSIE 4.0+.* Dieses Attribut bezieht sich nur auf die Windows-Plattform. Der Wert `foreground` macht die Palette des Plug-ins zur Vordergrundpalette. Entsprechend läßt der Wert `background` das Plug-in die Hintergrundpalette verwenden; letzteres ist die Standardeinstellung.

`pluginspage=`*`URL`*
: *Nur NN 4.0+ und MSIE 4.0+.* Liefert die URL einer Datei mit Installationsinformationen zum jeweiligen Plug-in.

`src=`*`URL`*
: *Erforderlich.* Liefert die URL der Datei oder des Objekts, die bzw. das auf der Seite plaziert werden soll.

`width=`*`Pixelwert`*
: Gibt die Objektbreite an. Manche Medientypen benötigen dieses Attribut.

Nur Internet Explorer

`alt=`*`Text`*
: Liefert einen Alternativtext, wenn das Medienobjekt nicht dargestellt werden kann (wie beim `<img>`-Tag).

`code=`*`Dateiname`*
: Gibt den Klassennamen des auszuführenden Java-Codes an.

`codebase=`*`URL`*
: Liefert die Basis-URL für die Anwendung.

`units=pixels|en`
: Definiert die Maßeinheit, die für `height` und `width` verwendet werden soll. Der Standardwert ist `pixels`. En-Einheiten entsprechen der halben Punktgröße des Fließtexts.

Nur Netscape Navigator

`border=`*`Pixelwert`*
: Gibt die Umrandungsbreite des Medienobjekts an.

frameborder=yes|no
: Schaltet die Umrandung ein oder aus.

hspace=*Pixelwert*
: Wird zusammen mit dem align-Attribut verwendet und gibt den linken und rechten Rand an, der neben dem Medienobjekt freigehalten werden soll.

pluginurl=*URL*
: Gibt eine Installationsquelle für das geeignete Plug-in für die Mediendatei an. Netscape empfiehlt die Verwendung von pluginurl anstelle von pluginspage.

type=*MIME-Typ*
: Gibt den MIME-Typ des Plug-ins an, das für die Datei erforderlich ist. Navigator verwendet entweder den Wert des type-Attributs oder das Suffix des jeweiligen Dateinamens für die Auswahl des passenden Plug-ins.

vspace=*Pixelwert*
: Wird zusammen mit dem align-Attribut verwendet und gibt an, wieviel Abstand ober- und unterhalb des Medienobjekts freigehalten werden soll.

<fieldset>

<fieldset>...</fieldset>

NN 2, 3, 4, **6** **MSIE** 2, 3, **4, 5.5, 6** **HTML 4.01** WebTV **Opera5**

Wird zur Auszeichnung eines Formularabschnitts verwendet und erzeugt eine Gruppe zusammengehöriger Formularfelder. Wenn dieses Tag richtig eingesetzt wird, sollte das Dokument für nichtvisuelle Browser besser zugänglich sein. Es ist <div> sehr ähnlich, wird aber speziell zur Gruppierung von Formularfeldern verwendet. Dieses Tag soll Formulare für Benutzer alternativer Browsergeräte besser zugänglich machen.

Attribute

%coreattrs, %i18n, %events

<font>

<font>...</font>

NN 2, 3, 4, 6 **MSIE 2, 3, 4, 5, 5.5, 6** **HTML 4.01** **WebTV** **Opera5**

Veraltet. Hatte Einfluß auf den Textstil (Farbe, Font und Größe) des enthaltenen Texts.

Attribute

%coreattrs, %i18n

color=*Farbname* oder *#RRGGBB*
Veraltet. Gibt die Farbe des enthaltenen Texts an.

face=*Schriftart* (oder *Schriftliste*)
Veraltet. Gibt die Schriftart des Texts an. Die angegebene Schriftart wird nur dann verwendet, wenn sie auf dem Rechner des Anwenders installiert ist. Wird eine Schriftliste angegeben (durch Kommas getrennt), verwendet der Browser die erste verfügbare Schrift.

size=*Wert*
Veraltet. Legt die Schriftgröße anhand einer absoluten Skala von 1 bis 7 (Standardeinstellung ist 3) oder über einen relativen Wert *+n* oder *-n* (ausgehend von der Standard- oder <basefont>-Einstellung) fest.

<form>

<form>...</form>

NN 2, 3, 4, 6 MSIE 2, 3, 4, 5.5, 6 HTML 4.01 WebTV Opera5

Markiert Anfang und Ende eines Formulars. Ein HTML-Dokument kann mehrere Formulare enthalten. Formulare können jedoch nicht verschachtelt werden, und es ist wichtig, daß sie sich nicht überlappen.

Attribute

%coreattrs, %i18n, %events, onsubmit, onreset

accept=*Inhaltstypenliste*
Gibt eine durch Kommas getrennte Liste von Dateitypen (MIME-Typen) an, die der Server akzeptiert und verarbeiten kann. Irgendwann werden die Browser dazu in der Lage sein, nicht-akzeptable Dateien herauszufiltern, wenn der Benutzer zum Heraufladen von Dateien auf den Server aufgefordert wird; momentan wird dieses Attribut aber noch nicht ausreichend unterstützt.

accept-charset=*Zeichensatzliste*
Gibt die Liste mit Zeichensatzcodierungen für die Dateneingabe an, die der Server akzeptieren muß, wenn das aktuelle Formular verarbeitet werden soll. Als Wert wird eine durch

Leerzeichen und bzw. oder Kommas getrennte Liste mit ISO-Zeichensatznamen angegeben. Standardwert ist `unknown`. Dieses Attribut wird noch nicht gut unterstützt.

`action=`*`URL`*
: *Erforderlich.* Gibt die URL der formularverarbeitenden Anwendung an. Standardwert ist die aktuelle URL.

`enctype=`*`Codierung`*
: Gibt an, auf welche Weise die Werte für die Formularsteuerelemente codiert werden, wenn sie an den Server übergeben werden. Standardeinstellung ist der Internet-Medientyp (`application/x-www-form-urlencoded`). Der Wert `multipart/form-data` sollte zusammen mit dem Dateieingabe-Element verwendet werden.

`method=get|post`
: Gibt an, welche HTTP-Methode zur Formularübergabe verwendet wird. Mit `get` (dem Standardwert) werden die Informationen an die URL angehängt und gleich mitgesendet.

`name=`*`Text`*
: Benennt das Element, damit von Stylesheets oder Skripten aus ein Verweis darauf eingerichtet werden kann.

`target=`*`Name`*
: Gibt ein Ziel an, das für die Ergebnisse der Formularübergabe geladen werden soll, wodurch diese in einem anderen Fenster oder Rahmen dargestellt werden können. Die Spezialwerte `_bottom`, `_top`, `_parent` und `_self` können verwendet werden.

<frame>

`<frame>` *(kein End-Tag)*

NN 2, 3, 4, 6 MSIE 2, 3, 4, 5, 5.5, 6 HTML 4.01 WebTV Opera5

Definiert einen einzelnen Rahmen innerhalb eines Rahmensets (`<frameset>`).

Attribute

`%coreattrs`

`bordercolor="`*`#rrggbb`*`"` oder *`Farbname`*
: *Nicht Standard.* Stellt die Farbe für die Rahmenumrandung ein (sofern die Umrandung eingeschaltet ist). Dieses Attribut wird

nur von Netscape Navigator 3.0+ und Internet Explorer 4.0+ unterstützt.

`frameborder=1|0` (*IE 3+ und W3C 4.0-Spez.*);
`yes|no` (*NN 3+ und IE 4.0+*)

Gibt an, ob zwischen dem aktuellen Rahmen und den ihn umgebenden Rahmen eine 3D-Trennlinie gezogen werden soll. Der Wert 1 (oder yes) schaltet die Trennung ein. Der Wert 0 (oder `no`) schaltet die Trennung aus. Standardwert ist 1 (Umrandung eingeschaltet). Sie können die Umrandung auch auf Rahmensetebene festlegen, was unter Umständen zuverlässigere Ergebnisse liefert.

Da Netscape und Internet Explorer verschiedene Werte unterstützen, müssen Sie die Umrandung doppelt innerhalb von `<frame>` angeben, damit volle Browserkompatibilität gewährleistet ist, und zwar so: `frameborder=yes frameborder=1 ...`

`longdesc=`*`URL`*

Gibt einen Link zu einem Dokument an, das eine ausführliche Beschreibung des Rahmens und seines Inhalts enthält. Dieser Zusatz zur HTML 4.01-Spezifikation ist eventuell für nichtvisuelle Browser nützlich, wird aber im Augenblick noch nicht ausreichend unterstützt.

`marginwidth=`*`Pixelwert`*

Gibt den Leerraum zwischen dem linken und rechten Rahmenrand und dem Rahmeninhalt an. Der minimale Wert gemäß der HTML-Spezifikation ist 1 Pixel. Der Wert 0 bewirkt beim Internet Explorer, daß das Objekt direkt an den Rahmenrand gesetzt wird, Netscape hingegen setzt trotzdem einen 1-Pixel-Rand.

`marginheight=`*`Pixelwert`*

Gibt den Leerraum zwischen dem oberen und unteren Rahmenrand und dem Rahmeninhalt an. Der minimale Wert gemäß der HTML-Spezifikation ist 1 Pixel. Der Wert 0 bewirkt zwar in Internet Explorer, daß das Objekt direkt an den Rahmenrand gesetzt wird, Netscape hingegen setzt trotzdem einen 1-Pixel-Rand.

`name=`*`Text`*

Weist dem Rahmen einen Namen zu. Wird dieser Name in Links zusammen mit dem Ziel verwendet, kann damit das Zieldokument im genannten Rahmen geladen werden.

`noresize`
: Verhindert, daß der Anwender die Rahmengröße verändert. (Selbst wenn eine bestimmte Rahmengröße vorgegeben ist, kann der Anwender sonst die Rahmengröße ändern, indem er die Rahmenränder anklickt und verschiebt.)

`scrolling=yes|no|auto`
: Gibt an, ob der Rahmen mit Scrollbalken ausgestattet werden soll. Der Wert `no` verhindert das Erscheinen von Scrollbalken; der Wert `auto` (Standardeinstellung) läßt automatisch Scrollbalken erscheinen, wenn der Inhalt nicht in den Rahmen paßt.

`src=`*`URL`*
: Gibt den Speicherort der HTML-Datei an, die in dem Rahmen dargestellt werden soll.

<frameset>

`<frameset>...</frameset>`

NN 2, 3, 4, 6 MSIE 2, 3, 4, 5, 5.5, 6 HTML 4.01 WebTV Opera5

Definiert eine Sammlung von Rahmen (Frames) oder von Rahmensets (Framesets).

Attribute

`%coreattrs, onload, unload`

`border=`*`Pixelwert`*
: *Nicht Standard.* Stellt die Stärke der Rahmenumrandung aller Rahmen innerhalb eines Rahmensets ein (wenn die Rahmenumrandung eingeschaltet ist).

`bordercolor="`*`#rrggbb`*`"` oder *`Farbname`*
: *Nicht Standard.* Stellt eine Umrandungsfarbe für alle Umrandungen eines Rahmensets ein. Wird nur von Netscape Navigator ab 3.0 und Internet Explorer 4.0 unterstützt.

`cols=`*`Liste mit Längenangaben (Pixelwert, Prozentwert`* oder *`*)`*
: Legt die Anzahl und Größe der Spalten (vertikalen Rahmen) innerhalb eines Rahmensets fest. Die Spaltenanzahl wird von der Anzahl an Werten in der Liste bestimmt. Größenangaben können in Pixeln, Prozent oder Relativwerten (*), die auf dem verfügbaren Raum basieren, gemacht werden.

`frameborder=1|0` *(IE 3+);* `yes|no` *(NN 3+ und IE 4.0+)*
: *Nicht Standard.* Gibt an, ob zwischen dem aktuellen Rahmen und den ihn umgebenden Rahmen eine 3D-Trennlinie gezogen werden soll. Der Wert 1 (oder yes) schaltet die Trennung ein. Der Wert 0 (oder no) schaltet die Trennung aus. Standardwert ist 1 (Umrandung eingeschaltet).

  Da Netscape und Internet Explorer verschiedene Werte unterstützen, müssen Sie die Umrandung doppelt innerhalb von `<frame>` angeben, damit volle Browserkompatibilität gewährleistet ist, und zwar so:

```
frameborder=yes frameborder=1 ...
```

`framespacing=`*`Pixelwert`* *(nur IE)*
: *Nur Internet Explorer ab 3.0.* Fügt zusätzlichen Leerraum zwischen aneinandergrenzenden Rahmen ein.

`rows=`*`Liste mit Längenangaben (Pixelwert, Prozentwert`* oder *`*)`*
: Legt die Anzahl und Größe der Zeilen (horizontalen Rahmen) innerhalb eines Rahmensets fest. Die Zeilenanzahl wird von der Anzahl an Werten in der Liste bestimmt. Größenangaben können in Pixeln, Prozent oder Relativwerten (*), die auf dem verfügbaren Raum basieren, gemacht werden.

<h1> bis <h6>

`<hn>...</hn>`

NN 2, 3, 4, 6 MSIE 2, 3, 4, 5, 5.5, 6 HTML 4.01 WebTV Opera5

Gibt an, daß der enthaltene Text eine Überschrift ist. Es gibt sechs Überschrifthierarchien von `<h1>` bis `<h6>`, wobei `<h1>` die größte Überschrift ist und jede niedrigere Hierarchie kleiner dargestellt wird. `<h5>` und `<h6>` sind normalerweise kleiner als der sie umgebende Fließtext.

Attribute

`%coreattrs, %i18n, %events`

`align=center|left|right`
: *Veraltet.* Richtet die Überschrift linksbündig, rechtsbündig oder mittig auf der Seite aus. Microsoft Internet Explorer bis Version 3.0 unterstützt die rechtsbündige Ausrichtung nicht.

<head>

`<head>...</head>` *(Start- und End-Tags optional)*

NN 2, 3, 4, 6 MSIE 2, 3, 4, 5, 5.5, 6 HTML 4.01 WebTV Opera5

Definiert den Dokumentkopf (auch »Header« genannt), der Informationen über das Dokument enthält. Das <head>-Tag besitzt keinen direkt dargestellten Inhalt und dient lediglich als Container für die anderen Header-Tags, wie `<base>`, `<meta>` und `<title>`.

Attribute

`%i18n`

`profile=`*`URL`*
: Liefert den Speicherort einer vordefinierten Profildatei für Metadaten, auf die über die <meta>-Tags im <head> des Dokuments verwiesen werden kann. Dieses Attribut wird noch nicht von den Browsern unterstützt.

<hr>

`<hr>` *(kein End-Tag)*

NN 2, 3, 4, 6 MSIE 2, 3, 4, 5, 5.5, 6 HTML 4.01 WebTV Opera5

Fügt eine Querlinie auf der Seite ein.

Attribute

`%coreattrs, %i18n, %events`

`align=center|left|right`
: *Veraltet.* Ist die Linie kürzer als die Fensterbreite, kann mit diesem Tag ihre Ausrichtung bestimmt werden. Standardeinstellung ist `center`.

`noshade`
: *Veraltet.* Dieses Attribut stellt die Linie als unschattierten Balken dar.

`size=`*`Pixelwert`*
: *Veraltet.* Gibt die Linienstärke an.

`width=`*`Pixelwert`* oder *`%`*
: *Veraltet.* Gibt die Linienlänge der Seitenbreite an. Standardmäßig reichen Linien über die volle Breite des Browserfensters.

<html>

`<html>...</html>` *(Start- und End-Tags optional)*

NN 2, 3, 4, 6 MSIE 2, 3, 4, 5, 5.5, 6 HTML 4.01 WebTV Opera5

Dieses Tag wird am Dokumentanfang und -ende eingefügt und teilt dem Browser mit, daß das gesamte Dokument ein HTML-Dokument ist.

Attribute

`dir=ltr|rtl`
: Gibt die Richtung an, in der der Text vom Browser dargestellt werden soll. Standardeinstellung ist `ltr` (left-to-right, von links nach rechts), manche Sprachen werden jedoch `rtl` (right-to-left, von rechts nach links) dargestellt. Die Attribute `dir` und `lang` sind Bestandteil der Internationalisierungsbestrebungen in der HTML 4.01-Spezifikation. Sie können in fast jedes HTML-Element eingebettet werden, aber im `<html>`-Tag geben sie üblicherweise die Sprache für das gesamte Dokument an.

`lang=`*Sprachcode*
: Gibt die Hauptsprache des Dokuments an.

`version="-//W3C//DTD HTML 4.01//EN"`
: *Veraltet.* Gibt an, welche HTML-Version das Dokument verwendet (der obengenannte Wert liefert 4.01). Wurde zugunsten der SGML-Deklaration `<!DOCTYPE>` vor dem `<html>`-Tag für veraltet erklärt.

<i>

`<i>...</i>`

NN 2, 3, 4, 6 MSIE 2, 3, 4, 5, 5.5, 6 HTML 4.01 WebTV Opera5

Der enthaltene Text wird kursiv dargestellt.

Attribute

`%coreattrs, %i18n, %events`

<iframe>

`<iframe>...</iframe>`

NN 2, 3, 4, 6 MSIE 2, 3, 4, 5, 5.5, 6 HTML 4.01 WebTV Opera5

Definiert einen Inline-Rahmen in einem Textfluß, der ähnlich wie ein mit `<img>` plaziertes Element behandelt wird. Das End-Tag dieses Elements ist erforderlich. Jeglicher Inhalt von `<iframe>` wird von Browsern, die keine Inline-Rahmen unterstützen, dargestellt.

Attribute

`%coreattrs, %i18n, %events`

`align=top|middle|bottom|left|right`
: Richtet den Inline-Rahmen im Textfluß auf der Seite aus. `left` und `right` ermöglichen es, Text neben dem Rahmen fließen zu lassen.

`frameborder=1|0`
: Schaltet die Darstellung einer 3D-Umrandung für den Inline-Rahmen ein oder aus. Standardwert ist 1, wodurch die Umrandung dargestellt wird.

`height=`*`Pixelwert`* oder *`%`*
: Gibt die Höhe des Inline-Rahmens in Pixeln oder als Prozentwert der Fenstergröße an. Internet Explorer und Navigator verwenden eine Standardhöhe von 150 Pixeln.

`hspace=`*`Pixelwert`*
: *Nicht Standard.* Wird mit den `align`-Werten `left` und `right` verwendet und gibt an, wieviel Platz links und rechts neben dem Rahmen freigelassen werden soll.

`longdesc=`*`URL`*
: Gibt einen Link zu einem Dokument an, das eine ausführliche Beschreibung des Inline-Rahmens und seines Inhalts enthält. Dieser Zusatz zur HTML 4.01-Spezifikation ist unter Umständen für nicht-visuelle Browser nützlich.

`marginheight=`*`Pixelwert`*
: Gibt an, wieviel Raum zwischen dem oberen und unteren Rahmenrand und dem Rahmeninhalt freigelassen werden soll.

`marginwidth=`*`Pixelwert`*
: Gibt an, wieviel Raum zwischen dem linken und rechten Rahmenrand und dem Rahmeninhalt freigelassen werden soll.

`name=`*`Text`*
: Weist dem Inline-Rahmen einen Namen zu, der als Referenz für Ziel-Links verwendet werden kann.

`noresize=`*`Pixelwert`*
: *Nicht Standard.* Verhindert, daß der Benutzer die Rahmengröße verändert.

`scrolling=yes|no|auto`
: Gibt an, ob der Inline-Rahmen mit Scrollbalken ausgestattet werden soll (siehe Erklärung dieses Attributs unter `<frame>`).

`src=`*`URL`*
: Gibt die URL des HTML-Dokuments an, das als erstes in dem Rahmen dargestellt wird.

`vspace=`*`Pixelwert`*
: *Nicht Standard.* Wird zusammen mit den `align`-Werten `left` und `right` verwendet und gibt an, wieviel Raum über und unter dem Inline-Rahmen freigelassen werden soll.

`width=`*`Pixelwert`* oder *`%`*
: Gibt die Breite des Inline-Rahmens in Pixeln oder als Prozentwert der Fenstergröße an. Internet Explorer und Navigator verwenden eine Standardbreite von 300 Pixeln.

<ilayer>

`<ilayer>...</ilayer`

NN 2, 3, **4**, 6 MSIE 2, 3, 4, 5, 5.5, 6 HTML 4.01 WebTV Opera5

Bezeichnet in Navigator 4 bis 4.7 einen Inflow-Layer. Inflow-Layer werden in den Textfluß eingebettet, anders als normale Layer (`<layer>`), die absolut und unabhängig von ihrer Position im Dokument positioniert werden können. Netscape gab in Netscape 6 die Elemente `<layer>` und `<ilayer>` zugunsten des standardgerechten `<div>`-Tags mit ähnlicher Funktionalität auf.

Attribute

Unter dem Eintrag `<layer>` finden Sie die unterstützten Attribute.

<img>

`<img>` (*kein End-Tag*)

NN 2, 3, 4, 6 MSIE 2, 3, 4, 5, 5.5, 6 HTML 4.01 WebTV Opera 5

Plaziert auf der Seite eine Grafik.

Attribute

`align=`*`Typ`*
: *Veraltet.* Regelt die Bildausrichtung über einen der folgenden Werte:

Typ	Ausrichtungsergebnis
`absbottom`	*Nur Navigator 3.0+ und Internet Explorer 4.0+*. Richtet den unteren Bildrand am unteren Rand der aktuellen Zeile aus.
`absmiddle`	*Nur Navigator 3.0+ und Internet Explorer 4.0+*. Richtet die Bildmitte an der Mittellinie der aktuellen Textzeile aus.
`baseline`	*Nur Navigator 3.0+ und Internet Explorer 4.0+*. Richtet den unteren Bildrand an der Grundlinie der aktuellen Textzeile aus.
`bottom`	Richtet den unteren Bildrand an der Grundlinie des Texts aus. Dies ist die vertikale Standardausrichtung.
`center`	Laut W3C-Spezifikation zentriert diese Einstellung das Bild horizontal auf der Seite; tatsächlich behandeln die Browser diesen Wert genauso wie `align=middle`.
`left`	Richtet das Bild am linken Fensterrand aus und ermöglicht das Umfließen mit nachfolgendem Text.
`middle`	Richtet die Textgrundlinie an der Bildmitte aus.
`right`	Richtet das Bild am rechten Fensterrand aus und ermöglicht das Umfließen mit nachfolgendem Text.
`texttop`	*Nur Navigator*. Richtet den oberen Bildrand an den Oberlängen der Textzeile aus. Eine Oberlänge ist der Teil eines Kleinbuchstabens (wie »d«), der über den eigentlichen Buchstabenkörper hinausragt.
`top`	Richtet den oberen Bildrand am oberen Rand des größten Objekts in der Zeile aus.

`alt=`*`Text`*

Erforderlich. Liefert einen Alternativtext, der dargestellt wird, wenn das Bild nicht verfügbar ist. Internet Explorer 4.0+ und Netscape 6 unter Windows stellen diesen Text als »Tooltip« dar, wenn der Cursor auf dem Bild ruht.

`border=`*`Pixelwert`*

Gibt die Umrandungsbreite eines verlinkten Bildes an. Normalerweise wird `border=0` gesetzt, wenn die Umrandung abgeschaltet werden soll.

`height=`*`Pixelwert`*

Gibt die Bildhöhe an. Ist nicht unbedingt erforderlich, aber empfehlenswert, da es die Bilddarstellung beschleunigt.

`hspace=`*`Pixelwert`*

Gibt an, wieviel Raum links und rechts neben dem Bild freigelassen werden soll.

`ismap`
: Gibt an, daß diese Grafik als Basis für eine serverseitige Imagemap (ein Bild mit mehreren Hyperlinks) verwendet wird.

`longdesc=`*`URL`*
: Enthält einen Link zu einer längeren Beschreibung des Bild- oder Imagemap-Inhalts. Dies soll die Bildinformationen irgendwann besser über nicht-visuelle Browser zugänglich machen, wird im Augenblick aber von keinem Browser unterstützt.

`lowsrc=`*`URL`*
: *Nur Netscape Navigator (alle Versionen) und Internet Explorer 4.0+*. Gibt ein Bild (normalerweise eine kleinere Datei) an, das zuerst heruntergeladen wird; danach wird das endgültige, über `src` angegebene Bild heruntergeladen.

`name=`*`Text`*
: Weist dem Bildelement einen Namen zu, so daß von einem Skript oder Stylesheet aus darauf verwiesen werden kann.

`src=`*`URL`*
: *Erforderlich*. Gibt die URL der Bilddatei an, die dargestellt werden soll.

`usemap=`*`URL`*
: Gibt die Map-Datei mit den Koordinaten und Links für eine clientseitige Imagemap (ein Bild mit mehreren Hypertext-Links) an.

`vspace=`*`Pixelwert`*
: Gibt an, wieviel Raum über und unter dem Bild freigelassen werden soll.

`width=`*`Pixelwert`*
: Gibt die Bildbreite an. Ist nicht erforderlich, wird aber zur Beschleunigung der Webseitendarstellung empfohlen.

Das dynsrc-Attribut von Internet Explorer

Mit dem `dynsrc`-Attribut kann man in Internet Explorer ab Version 2.0 über das `<img>`-Tag auch Videos auf einer Seite plazieren. Die folgenden Attribute gehören zu `dynsrc` und funktionieren nur mit Internet Explorer:

`controls`
: Fügt dem Video Steuerelemente hinzu.

`dynsrc=`*`URL`*
: Gibt die URL des Videos an, das auf der Seite dargestellt werden soll.

`loop=Zahl|infinite`
: Stellt ein, wie oft das Video abgespielt werden soll. Als Werte sind entweder Zahlen oder der Wert `infinite` (unendlich) erlaubt.

`start=fileopen|mouseover|fileopen, mouseover`
: Gibt an, wann das Video abgespielt werden soll. Per Voreinstellung wird das Video abgespielt, sobald es heruntergeladen ist (`fileopen`). Sie können aber auch angeben, daß es abgespielt werden soll, wenn sich der Cursor über dem Videobereich befindet (`mouseover`). Verbinden Sie die beiden Möglichkeiten (durch ein Komma getrennt), so wird das Video einmal nach dem Herunterladen und danach immer, wenn der Benutzer den Cursor über den Videobereich bewegt, abgespielt.

<input type=button>

`<input type=button>` *(kein End-Tag)*

NN 2, 3, 4, 6 MSIE 2, 3, 4, 5.5, 6 HTML 4.01 WebTV Opera5

Erzeugt innerhalb eines Formulars einen anpaßbaren Button. Anpaßbare Buttons haben keine eigene Funktionalität, können aber zum Auslösen von mit JavaScript erzeugten Steuerelementen verwendet werden. Die Daten von Steuerelementen des Typs `type=button` werden bei der Formularübergabe nie mit an den Server übergeben; diese Elemente werden ausschließlich mit Skriptprogrammen auf dem Browser verwendet.

Attribute

`%coreattrs, %i18n, %events, onblur, onfocus, onselect, onchange`

`name=`*`String`*
: *Erforderlich.* Weist dem Button einen Namen zu. Ein Skriptprogramm verwendet diesen Namen für Bezüge zu diesem Steuerelement.

`value=`*`String`*

Erforderlich. Gibt den Wert für dieses Steuerelement an.

<input type=checkbox>

`<input type=checkbox>` *(kein End-Tag)*

NN 2, 3, 4, 6 MSIE 2, 3, 4, 5.5, 6 HTML4.0 WebTV Opera5

Erzeugt ein Optionsfeld innerhalb eines Formulars (`<form>`). Optionsfelder sind wie Ein/Aus-Schalter, die der Benutzer entsprechend einstellen kann. Mehrere Optionsfelder innerhalb einer Gruppe können gleichzeitig ausgewählt werden. Wird ein Formular übergeben, so werden nur die Werte der »eingeschalteten« Optionsfelder an den Server übergeben.

Attribute

`%coreattrs, %i18n, %events, onblur, onfocus, onselect, onchange`

`checked`

Wird dieses Attribut verwendet, ist das Optionsfeld standardmäßig eingeschaltet.

`name=`*`Text`*

Erforderlich. Weist dem Optionsfeld einen Namen zu, der an die formularverarbeitende Anwendung übergeben wird, wenn das Feld ausgewählt wird. Haben mehrere Felder denselben Namen, so entsteht dadurch eine Optionsfeldgruppe, aus der der Benutzer mehrere Optionen mit derselben Eigenschaft auswählen kann.

`value=`*`Text`*

Erforderlich. Gibt den Ausgangswert des Steuerelements an; dieser Wert wird nur dann an den Server übergeben, wenn das Optionsfeld ausgewählt ist. Wird kein Wert angegeben, so wird als Wert `on` gesendet.

<input type=file>

`<input type=file>` *(kein End-Tag)*

NN 2, 3, 4, 6 MSIE 2, 3, 4, 5.5, 6 HTML 4.01 WebTV Opera5

Ermöglicht es dem Benutzer zusammen mit dem Formular externe Dateien zu übergeben. Wird im Browser mit einem »Browse«-Button dargestellt.

Attribute

`%coreattrs, %i18n, %events, onblur, onfocus, onselect, onchange`

`accept=`*`MIME-Typ`*
: Gibt eine durch Kommas getrennte Liste von Inhaltstypen an, die der Server richtig verarbeiten kann. Wenn der Benutzer aufgefordert wird, die Dateien auszuwählen, die an den Server gesendet werden sollen, kann dieses Attribut zum Herausfiltern von Dateien verwendet werden, die der Server nicht verarbeiten kann.

`name=`*`Text`*
: *Erforderlich.* Weist dem Element einen Namen zu.

<input type=hidden>

`<input type=hidden>` *(kein End-Tag)*

NN 2, 3, 4, 6 MSIE 2, 3, 4, 5.5, 6 HTML 4.01 WebTV Opera5

Erzeugt ein Element, das nicht im Browser dargestellt wird. Verborgene Elemente dienen zur Übergabe von speziellen Informationen zur Formularverarbeitung an den Server, die der Benutzer nicht sehen oder verändern kann.

Attribute

`%coreattrs, %i18n, %events, onblur, onfocus, onselect, onchange`

`name=`*`Text`*
: *Erforderlich.* Weist dem Element einen Namen zu; dieser Name (und der entsprechende Wert) wird an die formularverarbeitende Anwendung übergeben.

`value=`*`Text`*
: *Erforderlich.* Gibt den Wert des Elements an, der an die formularverarbeitende Anwendung übergeben wird.

<input type=image>

`<input type=image>` *(kein End-Tag)*

NN 2, 3, 4, 6 MSIE 2, 3, 4, 5.5, 6 HTML 4.01 WebTV Opera5

Ermöglicht die Verwendung eines Bildes anstelle eines `submit`-Buttons. Wird ein `type=image`-Button angeklickt, so wird dadurch das Formular übergeben.

Attribute

`%coreattrs, %i18n, %events, onblur, onfocus, onselect, onchange`

`align=top|middle|bottom`
: Richtet das Bild an den umgebenden Textzeilen aus.

`alt=`*Text*
: Stellt einen Bildbeschreibungstext zur Verfügung, wenn das Bild nicht betrachtet werden kann.

`name=`*Text*
: *Erforderlich.* Gibt den Steuerelement-Namen an; dieser Name (und sein entsprechender Wert) wird zusammen mit den Cursor-Koordinaten auf dem Bild an die formularverarbeitende Anwendung übergeben.

`src=`*URL*
: *Erforderlich.* Liefert die Bild-URL.

<input type=password> `<input type=password>` *(kein End-Tag)*

NN 2, 3, 4, 6 MSIE 2, 3, 4, 5.5, 6 HTML 4.01 WebTV Opera5

Erzeugt ein Texteingabe-Element (wie `<input type=text>`), wobei der Eingabetext so dargestellt wird, daß die Zeichen verborgen sind, z.B. als Reihe von Sternchen (*) oder Bullets (•). Es ist zu beachten, daß die Informationen dabei *nicht* verschlüsselt werden und deshalb keine echte Datensicherheit gegeben ist.

Attribute

`%coreattrs, %i18n, %events, onblur, onfocus, onselect, onchange`

`maxlength=`*Zahl*
: Gibt die maximale Anzahl von Zeichen an, die der Benutzer in dieses Element eingeben kann. Standardeinstellung ist unbegrenzt.

`name=`*Text*
: *Erforderlich.* Liefert den Namen für dieses Element, der an die formularverarbeitende Anwendung übergeben wird.

size=*Zeichenanzahl*

Gibt die Größe des Texteingabefeldes an, das für dieses Element dargestellt werden soll. Der Benutzer kann Eingaben machen, die länger als das angebotene Textfeld sind, woraufhin das Textfeld nach rechts scrollt.

value=*Text*

Erforderlich. Bestimmt den Ausgangswert, der in dem Texteingabefeld dargestellt wird.

<input type=radio>

<input type=radio> *(kein End-Tag)*

NN 2, 3, 4, 6 MSIE 2, 3, 4, 5.5, 6 HTML 4.01 WebTV Opera5

Erzeugt einen Radio-Button (Auswahlfeld), der ein- und ausgeschaltet werden kann. Wird einer Gruppe von Radio-Buttons derselbe Steuername zugewiesen, kann immer nur ein Button innerhalb der Gruppe eingeschaltet sein, die anderen sind automatisch ausgeschaltet. Dies unterscheidet Radio-Buttons von Optionsfeldern, bei denen man innerhalb einer Gruppe mehrere auswählen kann. Nur die Daten des »eingeschalteten« Radio-Buttons werden bei der Formularübergabe übertragen.

Attribute

%coreattrs, %i18n, %events, onblur, onfocus, onselect, onchange

checked

Der Radio-Button erscheint beim ersten Aufruf des Formulars eingeschaltet.

name=*Text*

Erforderlich. Bestimmt den Namen für dieses Element, der an die formularverarbeitende Anwendung übergeben wird.

value=*Text*

Erforderlich. Gibt den Wert des Parameters an, der an die formularverarbeitende Anwendung übergeben werden soll.

<input type=reset>

<input type=reset> *(kein End-Tag)*

NN 2, 3, 4, 6 MSIE 2, 3, 4, 5.5, 6 HTML 4.01 WebTV Opera5

Erzeugt einen Reset-Button, der alle Elementinhalte eines Formulars löscht (oder auf ihre Ausgangswerte zurücksetzt).

Attribute

`%coreattrs, %i18n, %events, onblur, onfocus, onselect, onchange`

`value=`*`Text`*
: Gibt einen Wert für das Reset-Steuerelement an. Dieser erscheint als Beschriftung des Buttons (standardmäßig erscheint dort »Reset«).

<input type=submit>

`<input type=submit>` *(kein End-Tag)*

NN 2, 3, 4, 6 MSIE 2, 3, 4, 5.5, 6 HTML 4.01 WebTV Opera5

Erzeugt einen Submit-Button; wird dieser betätigt, werden die Formularinformationen zur Bearbeitung an den Server übergeben.

Attribute

`%coreattrs, %i18n, %events, onblur, onfocus, onselect, onchange`

`value=`*`Text`*
: Gibt einen Wert für das Submit-Steuerelement an. Dieser erscheint als Beschriftung des Buttons (standardmäßig erscheint dort »Submit«).

`name=`*`Text`*
: *Erforderlich.* Bestimmt den Namen, der für dieses Element an die formularverarbeitende Anwendung übergeben werden soll.

<input type=text>

`<input type=text>` *(kein End-Tag)*

NN 2, 3, 4, 6 MSIE 2, 3, 4, 5.5, 6 HTML 4.01 WebTV Opera5

Erzeugt ein Texteingabefeld. Dies ist die Standardeingabeform.

Attribute

`%coreattrs, %i18n, %events, onblur, onfocus, onselect, onchange`

`maxlength=`*`Zahl`*
: Gibt an, wie viele Zeichen der Benutzer maximal in dieses Element eingeben kann. Der Standardwert ist unbegrenzt.

`name=`*`Text`*
: *Erforderlich.* Bestimmt den Namen des Texteingabefelds. Dieser Name wird zusammen mit dem Wert an die formularverarbeitende Anwendung übergeben.

`size=`*`Zeichenanzahl`*
: Gibt die Größe des Texteingabefelds an, das für dieses Element dargestellt werden soll. Der Benutzer kann Eingaben machen, die länger als das angebotene Textfeld sind, woraufhin das Feld nach rechts scrollt.

`value=`*`Text`*
: Gibt einen Wert an, der als Ausgangswert in dem Texteingabefeld dargestellt wird.

<ins>

`<ins>...</ins>`

NN 2, 3, 4, **6** **MSIE** 2, 3, **4, 5, 5.5, 6** **HTML 4.01** WebTV **Opera5**

Markiert eingefügten Text. Dieses Tag hat keine eigenen Formateigenschaften, kann aber dazu verwendet werden, eingefügten Text über Stylesheet-Anweisungen farblich hervorzuheben. Es ist für juristische Dokumente und für alle anderen Einsatzgebiete sinnvoll, wo man Änderungen nachvollziehen können muß. Sein Gegenstück ist gelöschter Text (`<del>`). Beide können sowohl Inline- als auch Blockelemente kennzeichnen.

Attribute

`%coreattrs, %i18n, %events`

`cite=`*`URL`*
: Kann gesetzt werden, um auf ein Quelldokument zu verweisen, das erklärt, warum das Dokument geändert wurde.

`datetime=`*`YYYY-MM-DDThh:mm:ssTZD`*
: Liefert Datum und Uhrzeit der Änderung. Eine genaue Beschreibung des Datums-/Uhrzeitformats finden Sie unter `<del>`.

<isindex>

`<isindex>` *(kein End-Tag)*

NN 2, 3, 4, 6 **MSIE 2, 3, 4, 5.5, 6** **HTML 4.01** **WebTV** **Opera5**

Veraltet. Markiert das Dokument als durchsuchbar. Der Server, auf dem sich das Dokument befindet, muß eine Suchmaschine aufweisen, die diese Art von Suchvorgang unterstützt. Der Browser stellt ein Texteingabefeld dar und eine allgemeine Aufforderung, wie z.B.: »Dies ist ein durchsuchbarer Index. Bitte geben Sie Ihre Suchbegriffe ein.« Diese Methode ist veraltet; mit Formularelementen und CGI-Skripten können weitaus anspruchsvollere Suchvorgänge durchgeführt werden.

Attribute

`%coreattrs, %i18n`

<kbd>

`<kbd>...</kbd>`

NN 2, 3, 4, 6   MSIE 2, 3, 4, 5, 5.5, 6   HTML 4.01   WebTV   Opera5

Steht für »keyboard« und kennzeichnet Text, der vom Benutzer eingegeben wurde. Wird üblicherweise in der Nichtproportionalschrift des Browsers dargestellt (normalerweise Courier). Manche Browser stellen den Text auch fett dar.

Attribute

`%coreattrs, %i18n, %events`

<label>

`<label>...</label>`

NN 2, 3, 4, 6   MSIE 2, 3, 4, 5.5, 6   HTML 4.01   WebTV   Opera5

Wird zum Anfügen von Informationen an Formularsteuerelemente verwendet. Jedes `label`-Element wird genau einem Formularsteuerelement zugewiesen.

Attribute

`%coreattrs, %i18n, %events, onblur, onfocus`

`accesskey=`*`einzelnes Zeichen`*
: Weist dem Element ein Tastaturkürzel zu. Durch Betätigen dieser Taste erhält das Element den Fokus (d.h. es wird angesteuert und hervorgehoben).

`for=`*`Text`*
: Weist das Label genau einem Steuerelement zu, indem der Wert des `for`-Attributs mit dem Wert des `id`-Attributs innerhalb des Steuerelements abgeglichen wird.

Beispiel

```
<LABEL for="nachname">Nachname: </LABEL>
<INPUT type="text" id="nachname" size="32">
```

<layer>

<layer>...</layer

NN 2, 3, **4,** 6 MSIE 2, 3, 4, 5, 5.5, 6 HTML 4.01 WebTV Opera5

Kennzeichnet in Navigator Version 4 bis 4.7 einen Layer. Über Layer können Elementinhalte genau positioniert, verborgen, dargestellt, gestapelt oder über Skripten angesteuert werden. Netscape gab `<layer>` und `<ilayer>` in Netscape 6 zugunsten des standardgerechten Tags `<div>` auf, das eine ähnliche Funktionalität besitzt.

Attribute

`above=`*`Layername`*
: Gibt den Layer an, der über dem aktuellen Layer dargestellt werden soll.

`background=`*`URL`*
: Liefert ein Hintergrundbild für den Layer.

`below=`*`Layername`*
: Gibt den Layer an, der unter dem aktuellen Layer dargestellt werden soll.

`bgcolor=`*`#RRGGBB`* oder *`Farbname`*
: Legt die Farbe des aktuellen Layers fest.

`class=`*`Name`*
: Weist dem Layer einen Klassennamen zu, auf den sich ein Stylesheet beziehen kann.

`clip=`*`x,y,x,y`*
: Definiert den sichtbaren Layerbereich. Inhalte außerhalb dieses Freistellungsbereichs werden transparent dargestellt. Als Werte erscheinen x/y-Koordinatenpaare, die die obere linke und die untere rechte Ecke des Beschneidungspfads für das Rechteck angeben.

`height=`*`Pixelwert`* oder *`%`*
: Gibt die Höhe des Layers an.

`id=`*`Text`*
: Weist dem Layer einen unverwechselbaren Namen zu, auf den in Stylesheets oder Skripten verwiesen werden kann.

`left=`*`Pixelwert`*
: Legt die horizontale Position des Layers relativ zum jeweiligen Parent-Layer oder zum linken Seitenrand fest.

`name=`*`Name`*
: Bestimmt einen Namen, mit dem der Layer über Skripten angesteuert werden kann. `id` kann ebenfalls verwendet werden.

`pagex=`*`Pixelwert`*
: Legt die horizontale Position des Layers relativ zum Browserfenster fest.

`pagey=`*`Pixelwert`*
: Legt die vertikale Position des Layers relativ zum Browserfenster fest.

`src=`*`URL`*
: Liefert den Speicherort einer Datei, die in den Layer geladen werden soll.

`style=`*`Stilregeln`*
: Gibt Inline-Formatinformationen für den Layer an.

`top=`*`Pixelwert`*
: Legt die Position des oberen Layerrands relativ zum jeweiligen Parent-Layer oder zum oberen Seitenrand fest.

`visibility=hide|inherit|show`
: Gibt an, ob der Layer verborgen oder sichtbar ist oder ob er seine Sichtbarkeit vom Parent-Layer erbt.

`width=`*`Pixelwert`*
: Legt die Layerbreite fest.

`zindex=`*`Zahl`*
: Gibt die Position eines Layers in der Stapelreihenfolge an. Der Wert 1 bezeichnet den untersten Layer, und größere Ganzzahlen werden entsprechend darüber gestapelt.

<legend>

<legend>...</legend>

NN 2, 3, 4, **6** **MSIE** 2, 3, **4, 5.5, 6** **HTML 4.01** WebTV Opera5

Weist einem <fieldset> eine Beschriftung zu (muß in einem <fieldset>-Element enthalten sein). Erhöht die Zugänglichkeit, wenn das fieldset auf nicht-visuellen Browsern ausgegeben wird.

Attribute

`%coreattrs, %i18n, %events`

`accesskey=`*`einzelnes Zeichen`*
: Weist dem Element ein Tastaturkürzel zu. Durch Betätigen dieser Taste erhält das Element den Fokus (d.h. es wird angesteuert und hervorgehoben).

`align=bottom | left | right | top`
: *Veraltet.* Legt die Position der Legende relativ zum jeweiligen <fieldset>-Element fest.

<li>

<li>...</li> *(End-Tag optional)*

NN 2, 3, 4, 6 **MSIE 2, 3, 4, 5, 5.5, 6** **HTML 4.01** **WebTV** **Opera5**

Definiert einen Listeneintrag. Wird zusammen mit den Listen-Tags <dir>, <ol> und <ul> verwendet.

Attribute

Folgende Attribute sind in HTML 4.0 zugunsten von Stylesheet-Optionen für die Listendarstellung für veraltet erklärt worden.

`%coreattrs, %i18n, %events`

`start=`*`Nummer`*
: *Veraltet.* Gibt die Nummer des ersten Eintrags in einer numerierten Liste an.

`type=`*`Format`*
: *Veraltet.* Ändert das Format der automatisch erzeugten Nummern oder Bullets für Listeneinträge.

: In ungeordneten Listen (<ul>) kann das type-Attribut zur Angabe des Bullet-Zeichens für einen bestimmten Listeneintrag verwendet werden (disc, circle oder square).

In geordneten Listen (<ol>) gibt das type-Attribut den Numerierungsstil (siehe Tabelle im Eintrag für <ol>) eines bestimmten Listeneintrags an.

value=*Nummer*
: *Veraltet.* In geordneten Listen können Sie so die Nummer eines Eintrags angeben. Die nachfolgenden Listeneinträge werden ausgehend von dieser Nummer numeriert.

<link>

<link> *(kein End-Tag)*

NN 2, 3, **4, 6** **MSIE 2, 3, 4, 5, 5.5, 6** **HTML 4.01** **WebTV** **Opera5**

Definiert eine Beziehung zwischen dem aktuellen Dokument und einem anderen Dokument. Dieses Tag gehört in den <head>-Abschnitt des Dokuments. Es wird oft verwendet, um auf ein externes Stylesheet zu verweisen.

Attribute

%coreattrs, %i18n, %events

charset=*Zeichensatzkennung*
: Gibt den Zeichensatz des verlinkten Dokuments an.

href=*URL*
: Identifiziert das Zieldokument.

hreflang=*Sprachcode*
: Bestimmt die Sprache des Zieldokuments.

media=screen|tty|tv|projection|handheld|print|braille|aural|all
: Bestimmt das Zielmedium des verlinkten Dokuments, damit ein alternatives Stylesheet zur Anwendung kommen kann.

rel=*Beziehung*
: Beschreibt die Beziehung zwischen dem aktuellen Quelldokument und dem Zieldokument. Häufig anzutreffen sind stylesheet, next, prev, copyright, index und glossary.

rev=*Beziehung*
: Beschreibt die Beziehung vom Zieldokument zurück zur Quelle (Gegenstück zum rel-Attribut).

`target=`*`Rahmen- oder Fenstername`*
: Definiert den Rahmen oder das Fenster, in dem die verlinkte Ressource dargestellt wird.

`title=`*`Text`*
: Gibt einen Titel für das Zieldokument an.

`type=`*`Ressource`*
: Gibt den Typ eines Links nach außen an. Der Wert `text/css` weist das verlinkte Dokument als externes Stylesheet aus.

<map>

`<map>...</map>`

NN 2, 3, 4, 6 MSIE 2, 3, 4, 5, 5.5, 6 HTML 4.01 WebTV Opera5

Enthält die Spezifikationen einer clientseitigen Imagemap.

Attribute

`%coreattrs, %i18n, %events`

`name=`*`Text`*
: *Erforderlich.* Weist der Imagemap einen Namen zu, auf den dann innerhalb des `<img>`-Tags verwiesen wird.

<marquee>

`<marquee>...</marquee>`

NN 2, 3, 4, 6 **MSIE 2, 3, 4, 5, 5.5, 6** HTML 4.01 **WebTV** Opera5

Erzeugt ein Laufschriftfeld.

Attribute

`align=top|middle|bottom`
: Richtet das Laufschriftfeld oben, mittig oder unten an der angrenzenden Textzeile aus.

`behavior=scroll|slide|alternate`
: Gibt an, wie der Text sich verhalten soll. `scroll` ist die Standardeinstellung und bewirkt, daß der Text komplett auf einer Seite beginnt, über die gesamte Breite und bis zum Textende läuft und schließlich wieder von vorne beginnt. `slide` hält die Laufschrift an, wenn der Text den gegenüberliegenden Rand erreicht hat. Mit `alternate` wird der Text im Laufschriftfeld hin- und hergeschoben.

`bgcolor=#rrggbb` oder *Farbname*
: Legt die Hintergrundfarbe des Laufschriftfelds fest.

`direction=left|right`
: Definiert die Laufrichtung des Texts. IE 4.0+ unterstützt auch die Werte `up` und `down`.

`height=Pixelwert`
: Definiert die Höhe des Laufschriftfelds.

`hspace=Pixelwert`
: Fügt links und rechts neben dem Laufschriftfeld Leerraum ein.

`loop=Zahl|infinite`
: Gibt an, wie oft der Text durchlaufen soll. Erlaubt sind Zahlenwerte oder der Wert `infinite`.

`scrollamount=Pixelwert`
: Legt fest, wie viele Pixel der Text pro Bewegung weiterlaufen soll.

`scrolldelay=Zahl`
: Gibt in Millisekunden die Verzögerung zwischen den Bewegungsschritten des Lauftexts an.

`vspace=Pixelwert`
: Fügt über und unter dem Laufschriftfeld Leerraum ein.

`width=Pixelwert`
: Definiert die Breite des Laufschriftfelds.

<menu> `<menu>...</menu>`

NN 2, 3, 4, 6 MSIE 2, 3, 4, 5, 5.5, 6 HTML 4.01 WebTV Opera5

Veraltet. Dieses Tag kennzeichnet den Anfang und das Ende einer Menüliste, die aus Listeneinträgen des Formats `<li>` besteht. Menülisten sind für kurze Einträge gedacht, z.B. für eine Liste von Links zu anderen Dokumenten. Diese Listenart wird nur selten eingesetzt und gilt zugunsten von `<ul>` als veraltet.

Attribute

`%coreattrs, %i18n, %events`

`compact`
: Stellt die Liste möglichst kompakt dar.

<meta>

<meta> *(End-Tag nicht erlaubt)*

NN 2, 3, 4, 6 MSIE 2, 3, 4, 5, 5.5, 6 HTML 4.01 WebTV Opera5

Enthält zusätzliche Dokumentinformationen. Dieses Tag sollte in den <head>-Abschnitt am Dokumentanfang gesetzt werden. Es wird normalerweise verwendet, um die Durchsuchbarkeit eines Dokuments zu verbessern (durch zusätzliche Schlüsselbegriffe), und dient außerdem zur Angabe eines Zeichensatzes für das Dokument. Meta-Tags sind bisher für Client-Pull-Funktionen verwendet worden, davon wird aber inzwischen abgeraten.

Attribute

`%i18n`

`content=`*Text*
: *Erforderlich.* Gibt den Wert des Meta-Tags an und wird immer entweder mit `name=` oder `http-equiv=` verwendet.

`http-equiv=`*Text*
: Die enthaltenen Informationen werden so behandelt, als wären sie Teil des HTTP-Headers, den der Server dem Dokument vorausschickt. Wird zusammen mit dem `content`-Attribut (anstelle des `name`-Attributs) verwendet.

`name=`*Text*
: Bestimmt einen Namen für die Meta-Informationen.

`scheme=`*Text*
: Gibt zusätzliche Informationen für die Interpretation der Meta-Daten an. Dieses Attribut ist neu und wurde in HTML 4.0 eingeführt.

<multicol>

<multicol>...</multicol>

NN 2, 3, **4**, 6 MSIE 2, 3, 4, 5, 5.5, 6 HTML 4.01 WebTV Opera5

Nur Netscape 4.x. Stellt den enthaltenen Text in mehreren Spalten mit annähernd gleicher Länge dar. Wird kaum verwendet.

Attribute

`cols=`*Zahl*
: *Erforderlich.* Gibt die Anzahl an Spalten an.

`gutter=`*`Pixelwert`*
: Gibt an, wieviel Leerraum zwischen den Spalten freigelassen werden soll.

`width=`*`Pixelwert`*
: Gibt die Spaltenbreite an. Alle Spalten innerhalb von `<multicol>` weisen dieselbe Breite auf.

<nobr>

`<nobr>...</nobr>`

NN 2, 3, 4, 6 MSIE 2, 3, 4, 5, 5.5, 6 HTML 4.01 **WebTV Opera5**

Nicht Standard. Text (oder eine Grafik) mit dieser Formatierung wird immer auf einer Zeile dargestellt, Umbrüche sind nicht erlaubt. Die Zeile läuft möglicherweise über den rechten Rand des Browserfensters hinaus, dann muß das Fenster waagerecht gescrollt werden. In der HTML 4.01-Spezifikation wird zum Verhindern von Zeilenumbrüchen Stylesheets der Vorzug gegeben.

<noembed>

`<noembed>...</noembed>`

NN 2, 3, 4, 6 MSIE 2, 3, 4, 5, 5.5, 6 HTML 4.01 **WebTV Opera5**

Der mit <noembed> formatierte Text erscheint, wenn ein eingebettetes Element nicht dargestellt werden kann (wenn z. B. das erforderliche Plug-in fehlt). Dieses Tag wird in <embed>-Container-Tags gesetzt.

<noframes>

`<noframes>...</noframes>`

NN 2, 3, 4, 6 MSIE 2, **3, 4, 5, 5.5, 6 HTML 4.01 WebTV Opera5**

Definiert Inhalt, der von Browsern dargestellt wird, die nicht rahmenfähig sind. Browser, die Rahmen unterstützen, ignorieren den Inhalt des `<noframes>`-Tags.

Attribute

`%coreattrs, %i18n, %events`

<noscript>

`<noscript>...</noscript>`

NN 2, 3, 4, 6 MSIE 2, **3, 4, 5, 5.5, 6 HTML 4.01 WebTV Opera5**

Definiert Inhalt, der dargestellt wird, wenn der Browser Scripting nicht unterstützt (oder abgeschaltet hat).

Attribute

%coreattrs, %i18n, %events

<object>

<object>...</object>

NN 2, 3, 4, 6 MSIE 2, 3, 4, 5, 5.5, 6 HTML 4.01 WebTV Opera5

Ein allgemeines Element, mit dem ein Objekt (z.B. ein Bild, Applet, eine Mediendatei und so weiter) auf einer Webseite plaziert wird. Dieses Tag ist dem <embed>-Tag ähnlich, wird aber vom W3C zur Elementplazierung auf einer Seite bevorzugt. Die Browserunterstützung für dieses Tag läßt zu wünschen übrig. Es wird in Navigator 4 nur fehlerhaft unterstützt, und in IE 4 (und sogar 5) ist es im allgemeinen nur für ActiveX-Elemente nützlich.

Attribute

%coreattrs, %i18n, %events

align=baseline|center|left|middle|right|textbottom|textmiddle|texttop
: *Veraltet.* Richtet das Objekt am ihn umgebenden Text aus. Unter <img> finden Sie eine Erkärung der Werte für align.

archive=*URLs*
: Eine durch Leerzeichen getrennte Liste von URLs der Ressourcen, die mit dem Objekt zu tun haben.

border=*Pixelwert*
: *Nicht Standard.* Legt die Umrandungsbreite fest, wenn das Objekt ein Link ist.

classid=*URL*
: Gibt die Ausgangsbasis einer Objektimplementierung an. Wird zusammen mit oder anstelle des data-Attributs verwendet. Die Syntax hängt vom jeweiligen Objekttyp ab.

codebase=*URL*
: Bestimmt die Basis-URL, anhand derer relative URLs innerhalb des Objekts aufgelöst werden sollen (ähnlich wie <base>). Standardmäßig ist die Codebasis die Basis-URL des aktuellen Dokuments.

codetype=*Codetyp*
: Gibt den Medientyp des Codes an. Ist nur dann erforderlich, wenn der Browser den MIME-Typ eines Applets nicht über

das `classid`-Attribut ermitteln kann oder wenn der Server beim Herunterladen des Objekts nicht den richtigen MIME-Typ mitliefert.

`data=`*URL*
Liefert die URL für die im Objekt verwendeten Daten. Die Syntax hängt vom jeweiligen Objekt ab.

`declare`
HTML 4.01. Deklariert ein Objekt, hindert den Browser jedoch daran, es herunterzuladen und zu verarbeiten. Wird zusammen mit dem Attribut `name` verwendet und entspricht einer Vorwärtsdeklaration in einer konventionellen Programmiersprache. Hiermit können Sie das Herunterladen verzögern, bis das Objekt tatsächlich zum Einsatz kommt.

`height=`*Pixelwert*
Gibt die Objekthöhe an.

`hspace=`*Pixelwert*
Veraltet. Fügt links und rechts neben dem Objekt Leerraum ein.

`name=`*Text*
Bestimmt den Objektnamen zur Referenzierung durch Skripten auf der Seite.

`standby=`*Nachricht*
HTML 4.01. Gibt eine Nachricht an, die während des Ladens des Objekts dargestellt werden soll.

`tabindex=`*Zahl*
Weist dem aktuellen Element eine Position in der Tabulatorreihenfolge des aktuellen Dokuments zu.

`type=`*Typ*
Bestimmt den Medientyp der Daten.

`usemap=`*URL*
Gibt die Imagemap an, die mit dem Objekt verwendet werden soll.

`vspace=`*Pixelwert*
Veraltet. Fügt über und unter dem Objekt Leerraum ein.

`width=`*Pixelwert*
Gibt die Objektbreite an.

<ol>

`<ol>...</ol>`

NN 2, 3, 4, 6 MSIE 2, 3, 4, 5, 5.5, 6 HTML 4.01 WebTV Opera5

Definiert den Anfang und das Ende einer geordneten (numerierten) Liste mit `<li>`-Listeneinträgen. Die Listeneinträge werden automatisch vom Browser durchnumeriert.

Attribute

`%coreattrs, %i18n, %events`

`compact`
: *Veraltet.* Stellt die Liste so kompakt wie möglich dar. (Die meisten Browser ignorieren dieses Attribut.)

`start=`*`Nummer`*
: Beginnt die Numerierung der Liste bei *`Nummer`* statt bei 1.

`type=1|A|a|I|i`
: *Veraltet.* Definiert das Numerierungssystem der Liste wie folgt:

Wert	Erzeugter Stil	Beispielfolge
1	arabische Zahlen (Standardeinstellung)	1, 2, 3, 4
A	Großbuchstaben	A, B, C, D
a	Kleinbuchstaben	a, b, c, d
I	große römische Zahlen	I, II, III, IV
i	kleine römische Zahlen	i, ii, iii, iv

<optgroup>

`<optgroup>...</optgroup>`

NN 2, 3, 4, **6** **MSIE** 2, 3, 4, 5.5, **6** **HTML 4.01** WebTV **Opera5**

Definiert eine logische Gruppe von `<option>`en. Könnte zur Darstellung hierarchisch kaskadierender Menüs verwendet werden. `<optgroup>`-Tags können nicht verschachtelt werden.

Attribute

`%coreattrs, %i18n, %events`

`disabled`
: Schaltet das Formularelement aus.

label=*Text*

Erforderlich. Bestimmt das Label für die Optionsgruppe.

<option>

<option>...</option> *(End-Tag optional)*

NN 2, 3, 4, 6 MSIE 2, 3, 4, 5.5, 6 HTML 4.01 WebTV Opera5

Definiert eine Option innerhalb eines Auswahlelements (ein Mehrfachauswahlmenü oder eine Scroll-Liste). Das End-Tag existiert zwar, wird aber normalerweise weggelassen. Der Inhalt des <option>-Elements ist der Wert, der an die formularverarbeitende Anwendung übergeben wird (außer, es wird über das Attribut value ein anderer Wert angegeben).

Attribute

%coreattrs, %i18n, %events

disabled

Schaltet das Formularelement aus.

label

Hiermit kann der Autor ein Label angeben, das kürzer als der Optionsinhalt ist. Dieses Attribut wird kaum unterstützt.

selected

Markiert den Eintrag als ausgewählt, wenn das Formular aufgerufen wird.

value=*Text*

Definiert einen Wert, der dem Optionseintrag innerhalb des Auswahlelements zugewiesen und anstelle des Inhalts von <option> verwendet werden soll.

<p>

<p>...</p> *(End-Tag optional)*

NN 2, 3, 4, 6 MSIE 2, 3, 4, 5, 5.5, 6 HTML 4.01 WebTV Opera5

Kennzeichnet den Anfang und das Ende eines Absatzes. Mehrere leere <p>-Elemente hintereinander werden von den Browsern ignoriert. Zwar gestatten viele Browser die Verwendung von <p> ohne End-Tag für den Beginn eines neuen Absatzes, die Container-Methode ist jedoch vorzuziehen. Werden Cascading Style Sheets mit dem Dokument-Container verwendet, sind die End-Tags erforderlich, damit die Formatierung funktioniert.

Attribute

%coreattrs, %i18n, %events

align=center|left|right
: *Veraltet.* Richtet den Text innerhalb der Tags linksbündig, rechtsbündig oder mittig auf der Seite aus.

<param>

<param> *(kein End-Tag)*

NN 2, 3, 4, 6 MSIE 2, 3, 4, 5, 5.5, 6 HTML 4.01 WebTV Opera5

Liefert einen Parameter innerhalb von <applet> oder <object>.

Attribute

id=*Text*
: Weist dem Parameter eine eindeutige Kennung zu.

name=*Text*
: *Erforderlich.* Definiert den Parameternamen.

value=*Text*
: Definiert den Parameterwert.

valuetype=data|ref|object
: Gibt den Wertetyp an: data weist den Parameterwert als Daten aus (Standardeinstellung); ref gibt an, daß der Parameter eine URL ist; object gibt an, daß der Wert die URL eines anderen Objekts innerhalb des Dokuments ist.

type=*Inhaltstyp*
: *HTML 4.01.* Gibt nur dann den Medientyp der Ressource an, wenn das Attribut valuetype auf ref gesetzt ist. Beschreibt die Wertetypen, die an der ausgewiesenen Stelle anzutreffen sind.

<pre>

<pre>...</pre>

NN 2, 3, 4, 6 MSIE 2, 3, 4, 5, 5.5, 6 HTML 4.01 WebTV Opera5

Enthält vorformatierten Text, in dem die Zeilen genauso dargestellt werden, wie sie eingegeben werden, inklusive mehrerer Leerzeichen oder Zeilenumbrüche hintereinander. Der Text innerhalb von <pre>-Tags wird in einer Nichtproportionalschrift wie Courier dargestellt.

Attribute

`%coreattrs, %i18n, %events`

`width=`*`Wert`*
: *Veraltet.* Dieses optionale Attribut legt fest, wie viele Zeichen in einer Zeile innerhalb des `<pre>`-Blocks untergebracht werden können.

<q>

`<q>...</q>`

NN 2, 3, 4, **6** **MSIE** 2, 3, **4, 5, 5.5, 6** **HTML 4.01** WebTV **Opera5**

Enthält ein Kurzzitat, das mit dem Text mitfließen kann, z.B. »Sein oder nicht sein«. Es unterscheidet sich von `<blockquote>`, das für längere Zitate in eigenen Absätzen gedacht ist. Manche Browser setzen automatisch Anführungszeichen. Wird es mit dem Attribut `lang` (language) verwendet, setzt der Browser eventuell sprachspezifische Anführungszeichen.

Attribute

`%coreattrs, %i18n, %events`

`cite=`*`URL`*
: Weist die Zitatquelle aus.

<rt>

`<rt>...</rt>`

NN 2, 3, 4, 6 **MSIE** 2, 3, 4, **5, 5.5, 6** HTML 4.01 WebTV Opera5

Nur Internet Explorer 5+. Kennzeichnet »Ruby-Text«, Anmerkungen, Verzierungen oder Ausspracherichtlinien, die in kleiner Schrift über dem eigentlichen Text erscheinen. Das `<rt>`-Element wird innerhalb des `<ruby>`-Elements verwendet.

Attribute

`%coreattrs, %i18n, %events`

`accesskey=`*`einzelnes Zeichen`*
: Weist dem Element ein Tastaturkürzel zu. Durch Betätigen dieser Taste erhält das Element den Fokus (d.h. es wird angesteuert und hervorgehoben).

`language=javascript|jscript|vbs|vbscript|xml`
: Gibt die Sprache an, in der das aktuelle Skript erstellt wurde.

tabindex=*Zahl*
Weist dem aktuellen Element eine Position in der Tabulatorreihenfolge des aktuellen Dokuments zu.

<ruby>

<ruby>...</ruby>

NN 2, 3, 4, 6   MSIE 2, 3, 4, **5, 5.5, 6**   HTML 4.01   WebTV   Opera5

Nur Internet Explorer 5+. Identifiziert den Basistext, der zusammen mit »Ruby-Text« dargestellt wird. Ruby-Text kann für besondere Anmerkungen oder Ausspracherichtlinien verwendet werden.

Attribute

Sie finden unter <rt> eine Liste der unterstützten Attribute.

Beispiel

```
<ruby>Dieser Text wird als Basistext dargestellt.
<rt>Ruby-Text erscheint in kleiner Schrift oberhalb des
Basistexts.</rt>
</ruby>
```

<s>

<s>...</s>

NN 2, **3, 4, 6**   **MSIE** 2, 3, **4, 5, 5.5, 6**   **HTML 4.01**   **WebTV**   **Opera5**

Veraltet. Der enthaltene Text wird durchgestrichen dargestellt (wie <strike>, wurde jedoch von späteren Browserversionen eingeführt).

Attribute

%coreattrs, %i18n, %events

<samp>

<samp>...</samp>

NN 2, 3, 4, 6   **MSIE 2,** 3, **4, 5, 5.5, 6**   **HTML 4.01**   **WebTV**   **Opera5**

Kennzeichnet Beispielausgaben von Programmen, Skripten usw. Beispieltext wird normalerweise in Nichtproportionalschrift dargestellt.

Attribute

%coreattrs, %i18n, %events

<script>

`<script>...</script>`

NN 2, 3, 4, 6 MSIE 2, 3, 4, 5.5, 6 HTML 4.01 WebTV Opera5

Fügt ein Skript in ein Dokument ein. Das Skript kann in das Dokument eingefügt oder aus einem externen Dokument geladen werden.

Attribute

`charset=`*`Zeichensatzkennung`*
: Definiert den Zeichensatz des verlinkten Dokuments.

`defer`
: Gibt an, daß das Skript keinen Dokumentinhalt erzeugt und der Benutzeragent mit dem Parsen und der Darstellung fortfahren kann.

`language=`*`Skriptsprachenname`*
: *Veraltet.* Gibt die Skriptsprache des aktuellen Skriptelements an. Wurde zugunsten von `type` für veraltet erklärt.

`src=`*`URL`*
: Liefert den Speicherort eines externen Skripts.

`type=`*`Text`*
: *Erforderlich.* Gibt die Skriptsprache des aktuellen Skriptelements an (z. B. `text/javascript`) und hat Vorrang vor der voreingestellten Skriptsprache.

<select>

`<select>...</select>`

NN 2, 3, 4, 6 MSIE 2, 3, 4, 5.5, 6 HTML 4.01 WebTV Opera5

Definiert ein Mehrfachauswahlmenü oder eine Scroll-Liste. Es fungiert als Container für ein oder mehrere `<option>`-Tags. Dieses Element kann auch ein oder mehrere `<optgroup>`-Tags enthalten.

Attribute

`%coreattrs, %i18n, %events, onblur, onfocus, onchange`

`disabled`
: Schaltet das Formularelement aus.

`multiple`
: Hiermit kann der Benutzer mehrere `<option>`-Listeneinträge

auf einmal auswählen. Fehlt dieses Attribut, kann nur jeweils ein Eintrag ausgewählt werden.

`name=`*`Text`*
: Definiert einen Namen für das Auswahlelement; bei der Formularübergabe wird dieser Name zusammen mit den ausgewählten Optionswerten an die formularverarbeitende Anwendung übergeben.

`size=`*`Zeilenanzahl`*
: Gibt an, wie viele Zeilen in der Optionsliste dargestellt werden sollen. Ist der Wert größer 1, werden die Optionen als Scroll-Liste angezeigt, wobei die angegebene Anzahl an Optionen sichtbar ist. Wird `size=1` angegeben, wird die Liste als Pop-up-Menü dargestellt.

Der Standardwert ist 1, wenn `multiple` *nicht* verwendet wird. Wird `multiple` angegeben, ist der Wert von Browser zu Browser verschieden (häufig wird jedoch der Wert 4 verwendet).

`tabindex=`*`Zahl`*
: Weist dem aktuellen Element eine Position in der Tabulatorreihenfolge des aktuellen Dokuments zu.

<small>

`<small>...</small>`

NN 2, 3, 4, 6   MSIE 2, 3, 4, 5, 5.5, 6   HTML 4.01   WebTV   Opera5

Stellt den Text kleiner als den ihn umgebenden Text dar.

Attribute

`%coreattrs, %i18n, %events`

<spacer>

`<spacer>` *(kein End-Tag)*

NN 2, 3, 4, 6   MSIE 2, 3, 4, 5, 5.5, 6   HTML 4.01   **WebTV**   Opera5

Richtet innerhalb des Textflusses einer Seite einen vorgegebenen Freiraum ein. Dieses Tag wurde von Netscape eingeführt; es stieß auf Widerstand und wird inzwischen nur selten im allgemeinen Weballtag verwendet. Es kann als Platzhalter in Tabellenzellen verwendet werden, um so die richtige Darstellung in Navigator zu gewährleisten.

Attribute

`align=`*Wert*
: Richtet einen `block`-Platzhalter am ihn umgebenden Text aus. Die möglichen Werte entsprechen denen für das `<img>`-Tag.

`height=`*Pixelwert*
: Gibt für einen `block`-Platzhalter die Höhe an.

`size=`*Pixelwert*
: Liefert einen Wert zur Verwendung mit `vertical`- und `horizontal`-Platzhaltern.

`type=vertical|horizontal|block`
: Legt die Art von Platzhalter fest: `vertical` fügt Leerraum zwischen zwei Textzeilen ein, `horizontal` fügt Leerraum zwischen Zeichen ein, und `block` fügt einen rechteckigen Platzhalter ein.

`width=`*Pixelwert*
: Gibt für einen `block`-Platzhalter die Breite an.

<span>

`<span>...</span>`

NN 2, 3, **4, 6** **MSIE** 2, 3, **4, 5, 5.5, 6** **HTML 4.01** **WebTV** **Opera5**

Kennzeichnet eine Reihe von Inline-Zeichen, hat jedoch keine automatischen Auswirkungen auf das Format dieser Zeichen. Kann zusammen mit den Attributen `class` und/oder `id` verwendet und über Cascading Style Sheets formatiert werden.

Attribute

`%coreattrs, %i18n, %events`

`class=`*Name*
: Weist einem Element oder einer Reihe von Elementen einen Namen zu. Elemente mit derselben `class`-Bezeichnung können als Gruppe behandelt werden.

`id=`*Name*
: Weist einem Element einen eindeutigen Namen zu. Ein `id`-Name darf innerhalb eines Dokuments nicht doppelt vorkommen.

`style=`*Formateigenschaften*
: Bettet Formatinformationen ein, die auf den Abschnittsinhalt angewendet werden sollen.

<strike>

`<strike>...</strike>`

NN 2, 3, 4, 6 MSIE 2, 3, 4, 5, 5.5, 6 HTML 4.01 WebTV Opera5

Veraltet. Der enthaltene Text wird (mit einer waagerechten Linie) durchgestrichen dargestellt. In der HTML 4.01-Spezifikation wird zum Erzielen dieses Effekts Stylesheets der Vorzug gegeben.

Attribute

`%coreattrs, %i18n, %events`

<strong>

`<strong>...</strong>`

NN 2, 3, 4, 6 MSIE 2, 3, 4, 5, 5.5, 6 HTML 4.01 WebTV Opera5

Der enthaltene Text wird stark hervorgehoben. Fast alle Browser stellen mit `<strong>` formatierten Text fett dar.

Attribute

`%coreattrs, %i18n, %events`

<style>

`<style>...</style>`

NN 2, 3, 4, 6 MSIE 2, 3, 4, 5, 5.5, 6 HTML 4.01 WebTV Opera5

Ermöglicht das Einbetten von Stylesheet-Regeln in den Dokumentkopf. Es können beliebig viele `<style>`-Elemente in einem Dokument vorkommen.

Attribute

`%i18n`

`media=screen|tty|tv|projection|handheld|print|braille|aural|all`

Gibt das Zielmedium an, auf das das Stylesheet ausgelegt ist.

`type=`*`Inhaltstyp`*

Erforderlich. Gibt die Stylesheet-Sprache des Elementinhalts an. Gegenwärtig ist nur `text/css` vorhanden.

`title=`*`Text`*

Bestimmt einen Elementtitel.

<sub>

`<sub>...</sub>`

NN 2, 3, 4, 6 MSIE 2, 3, 4, 5, 5.5, 6 HTML 4.01 WebTV Opera5

Formatiert den enthaltenen Text tiefgestellt.

Attribute

`%coreattrs, %i18n, %events`

<sup>

`<sup>...</sup>`

NN 2, 3, 4, 6 MSIE 2, 3, 4, 5, 5.5, 6 HTML 4.01 WebTV Opera5

Formatiert den enthaltenen Text hochgestellt.

Attribute

`%coreattrs, %i18n, %events`

<table>

`<table>...</table>`

NN 2, 3, 4, 6 MSIE 2, 3, 4, 5, 5.5, 6 HTML 4.01 WebTV Opera5

Definiert Anfang und Ende einer Tabelle. Das End-Tag ist erforderlich; wird es weggelassen, wird die Tabelle in manchen Browsern möglicherweise nicht richtig dargestellt.

Attribute

`%coreattrs, %i18n, %events`

`align=left|right|center`

Veraltet. Richtet die Tabelle am Textfluß aus (entspricht dem `align`-Attribut im `<img>`-Tag). Standardausrichtung ist `left`. Der Wert `center` wird nicht von allen Browsern unterstützt, weshalb man Tabellen zuverlässiger mit tabellenexternen Tags zentriert (z.B. mit `<center>` oder `<div>`).

`background=`*URL*

Nicht Standard. Gibt eine Grafik an, die als Hintergrundkachel für die Tabelle verwendet werden soll. In Internet Explorer ab Version 3.0 wird die Grafik als Hintergrund für die gesamte Tabelle verwendet. In Navigator 4.0 wiederholt sich die Grafik in jeder einzelnen Zelle (obwohl die Grafikunterstützung nicht offiziell dokumentiert ist).

`bgcolor="#rrggbb"` oder *Farbname*

Liefert eine Hintergrundfarbe für die gesamte Tabelle. Der Wert wird als hexadezimaler RGB-Wert oder als Farbname angegeben.

`border=Pixelwert`

Gibt die Stärke des Randes um die Tabelle und ihre Zellen an. Der Wert `border=0` schaltet die Umrandungen komplett ab. Standardwert ist 1. Das Wort `border` ohne Wert bewirkt eine 1 Pixel breite Umrandung.

`cellpadding=Pixelwert`

Legt innerhalb einer Tabellenzelle den Leerraum zwischen der Zellumrandung und dem Zellinhalt fest. Standardwert ist 1.

`cellspacing=Pixelwert`

Legt den Leerraum zwischen den Tabellenzellen fest. Standardwert ist 2.

`frame=void|above|below|hsides|lhs|rhs|vsides|box|border`

Teilt dem Browser mit, wo Umrandungen um die Tabelle gezogen werden sollen. Erlaubt sind folgende Werte:

`void`	keine Umrandung (Standardeinstellung)
`above`	nur oben
`below`	nur unten
`hsides`	nur oben und unten
`vsides`	nur links und rechts
`lhs`	nur links
`rhs`	nur rechts
`box`	alle vier Seiten
`border`	alle vier Seiten

Wird das `border`-Attribut auf einen Wert größer 0 gesetzt, gilt als Standardeinstellung automatisch `border`, sofern nichts anderes angegeben wird. Dieses Attribut wurde mit IE 3.0 eingeführt und ist nun Bestandteil von HTML 4.01. Netscape unterstützt dieses Attribut nur in der Version 6.

`height=Pixelwert` oder *%*

Nicht Standard. Gibt die minimale Gesamthöhe der Tabelle an. Kann als Pixelwert oder als Prozentwert des Parent-Elements angegeben werden.

`hspace=`*`Pixelwert`*
: Fügt links und rechts neben einer mit dem `align`-Attribut ausgerichteten Tabelle einen Leerraum ein (wie `hspace` im `<img>`-Tag).

`rules=all|cols|groups|none|rows`
: Teilt dem Browser mit, wo innerhalb der Tabelle Trennlinien gezogen werden sollen. Es kommen folgende Werte in Frage:

`none`	Keine Linien (Standardeinstellung)
`groups`	Trennlinien erscheinen zwischen Zeilen- (`thead`, `tfoot` und `tbody`) und Spaltengruppen
`rows`	Trennlinien erscheinen nur zwischen den Zeilen
`cols`	Trennlinien erscheinen nur zwischen den Spalten
`all`	Trennlinien erscheinen zwischen allen Zeilen und Spalten

Wird das `border`-Attribut auf einen Wert größer 0 gesetzt, nimmt `rules` automatisch den Wert `all` an, wenn nichts anderes angegeben wurde.

Dieses Attribut wurde mit Internet Explorer 3.0 eingeführt und ist nun in HTML 4.01 enthalten. Netscape unterstützt es nur in Version 6.

`summary=`*`Text`*
: Liefert eine Zusammenfassung des Tabelleninhalts für nichtvisuelle Browser.

`vspace=`*`Pixelwert`*
: Fügt oberhalb und unterhalb einer mit `align` positionierten Tabelle einen Leerraum ein (entspricht `vspace` im `<img>`-Tag).

`width=`*`Pixelwert`* oder *`%`*
: Legt die Gesamtbreite der Tabelle fest. Dieses Attribut kann entweder als Pixelwert oder als Prozentanteil des Parent-Elements definiert werden.

Nur Internet Explorer

`bordercolor="#`*`rrggbb`*`"` oder *`Farbname`*
: Gibt die Farbe für die Mittellinie einer Tabellenumrandung an. (Tabellenumrandungen werden mit drei Farbwerten erzeugt, wodurch ein 3D-Effekt entsteht.)

`bordercolorlight="#rrggbb"` oder *Farbname*
: Gibt die Farbe des hellen Teils der 3D-Tabellenumrandung an.

`bordercolordark="#rrggbb"` oder *Farbname*
: Gibt die Farbe des dunklen Teils der 3D-Tabellenumrandung an.

<tbody>

`<tbody>...</tbody>` *(Start- und End-Tags optional)*

NN 2, 3, 4, **6** **MSIE** 2, **3, 4, 5, 5.5, 6** **HTML 4.01** WebTV Opera5

Definiert innerhalb einer Tabelle eine Zeile oder Zeilengruppe als Tabellen-»Körper«. Es muß mindestens eine Zeile (`<tr>`) enthalten sein.

Tags für »Zeilengruppen« (`tbody`, `thead` und `tfoot`) wurden mit Internet Explorer eingeführt und sind nun Bestandteil von HTML 4.01. Die Attribute von `<tbody>` werden gegenwärtig von keinem kommerziellen Browser unterstützt. Zeilengruppen könnnen die Tabellendarstellung beschleunigen und einen Scroll-Mechanismus einrichten, mit dem der Tabellenkörper unabhängig von den Kopf- und Fußzeilen gescrollt werden kann. Sie könnten sich auch für den Ausdruck langer Tabellen als günstig erweisen, da die Tabellenkopfzeilen auf jeder Seite ausgegeben werden können.

Attribute

`align=left|center|right|justify|char`
: *Veraltet.* Gibt die horizontale Ausrichtung des Zellinhalts an. Der Standardwert ist `left`.

`char=`*Zeichen*
: Liefert ein Zeichen, an dem der Zellinhalt ausgerichtet werden soll. Das Standardzeichen ist der Dezimalpunkt (je nach Spracheinstellung). Dieses Attribut wird von den meisten aktuellen Browsern nicht unterstützt.

`charoff=`*Länge*
: Gibt den Abstand zum ersten Ausrichtungszeichen (`char`) in jeder Zeile an. Verwendet eine Zeile kein Ausrichtungszeichen, sollte sie horizontal so ausgerichtet werden, daß sie an der Ausrichtungsposition endet. Dieses Attribut wird im allgemeinen nicht von den aktuellen Browsern unterstützt.

`valign=top|middle|bottom|baseline`
: *Veraltet.* Gibt die vertikale Ausrichtung des Zellinhalts an.

<td>

`<td>...</td>` *(End-Tag optional)*

NN 2, 3, 4, 6 MSIE 2, 3, 4, 5, 5.5, 6 HTML 4.01 WebTV Opera5

Definiert eine Tabellenzelle. Das End-Tag ist nicht erforderlich, kann aber unvorhersagbare Darstellungsvarianten ausschließen, besonders dann, wenn die Zelle Bilder enthält. Eine Tabellenzelle kann beliebige Inhalte haben, auch eine weitere Tabelle.

Attribute

`%coreattrs, %i18n, %events`

`align=left|center|right|justify|char`
: *Veraltet.* Gibt die horizontale Ausrichtung des Zellinhalts an. Standardwert ist `left`.

`background=`*`URL`*
: Gibt die Grafik an, die innerhalb der Zelle als Kachel verwendet werden soll. In der Netscape-Dokumentation ist dieses Tag nicht erwähnt, es wird jedoch von Version 4.0 unterstützt.

`bgcolor="`*`#rrggbb`*`"` oder *`Farbname`*
: Bestimmt die Farbe, die in der Tabellenzelle verwendet werden soll. Eine Hintergrundfarbe auf Zellebene hat Vorrang vor den auf Zeilen- oder Tabellenebene angegebenen Farben.

`colspan=`*`Zahl`*
: Gibt an, wie viele Spalten die aktuelle Zeile umfassen soll. Standardwert ist 1. Laut HTML 4.01 bedeutet der Wert 0, daß die aktuelle Zelle alle Spalten von der aktuellen Spalte bis zur letzten Tabellenspalte enthält. Tatsächlich wird dieses Funktionsmerkmal jedoch noch in keinem der aktuellen Browser unterstützt.

`height=`*`Pixelwert`* oder *`%`*
: *Veraltet.* Gibt die Zellhöhe im Verhältnis zur Tabellenhöhe an. Die in der ersten Spalte angegebene Höhe gilt auch für die restlichen Zellen dieser Zeile. Die Höhenwerte für die Zellen einer Zeile müssen übereinstimmen. Pixelangaben sind zuverlässiger als Prozentwerte, die nur dann funktionieren, wenn die Tabellenhöhe in Pixeln angegeben ist.

`nowrap`
: *Veraltet.* Schaltet in der aktuellen Zelle den automatischen Textumbruch ab. Zeilenumbrüche müssen mit `<br>` oder durch einen neuen Absatz angelegt werden. Dieses Attribut wird nur von Internet Explorer ab Version 5 unterstützt.

`rowspan=`*`Zahl`*
: Gibt an, wie viele Zeilen die aktuelle Zelle umfassen soll. Standardwert ist 1. Gemäß HTML 4.01 bedeutet der Wert 0, daß die aktuelle Zelle alle Zeilen von der aktuellen Zeile bis zur letzten Tabellenzeile enthält. Tatsächlich wird dieses Funktionsmerkmal jedoch von keinem Browser unterstützt.

`valign=top|middle|bottom|baseline`
: *Veraltet.* Gibt die vertikale Ausrichtung von Text (oder anderen Elementen) innerhalb einer Tabellenzelle an. Standardwert ist `middle`.

`width=`*`Pixelwert`* oder *`%`*
: *Veraltet.* Legt die Zellbreite im Verhältnis zur Tabellenbreite fest. Die in der ersten Zeile angegebene Breite gilt auch für die restlichen Zellen dieser Spalte. Die Höhenwerte für die Zellen einer Spalte müssen übereinstimmen.

Nur Internet Explorer

`bordercolor="`*`#rrggbb`*`"` oder *`Farbname`*
: Definiert die Umrandungsfarbe der Zelle.

`bordercolordark="`*`#rrggbb`*`"` oder *`Farbname`*
: Definiert die dunklere Schattierung der Zellumrandung.

`bordercolorlight="`*`#rrggbb`*`"` oder *`Farbname`*
: Definiert die hellere Schattierung der Zellumrandung.

Neu in HTML 4.01

Diese Attribute sind Bestandteil des HTML-Standards, werden jedoch nicht von den aktuellen Browsern unterstützt.

`abbr=`*`Text`*
: Liefert eine abgekürzte Version des Zellinhalts.

`axis=`*`Text`*
: Weist eine Zelle einer Konzeptkategorie zu, die dann entsprechend zur Tabellenorganisation oder für Suchvorgänge verwendet werden kann.

`char=`*`Zeichen`*
: Gibt ein Zeichen an, an dem der Zellinhalt ausgerichtet wird. Standardzeichen ist der Dezimalpunkt (je nach Spracheinstellung).

`charoff=`*`Länge`*
: Gibt den Abstand zum ersten Ausrichtungszeichen (`char`) in jeder Zeile an. Verwendet eine Zeile kein Ausrichtungszeichen, sollte sie horizontal so ausgerichtet werden, daß sie an der Ausrichtungsposition endet.

`headers=`*`ID-Referenz`*
: Liefert die Kopfzellen (sortiert nach `id`), die für die aktuelle Zelle Tabellenkopfinformationen enthalten. Dieses Attribut soll Tabellen für nicht-visuelle Browser besser zugänglich machen.

`scope=row|col|rowgroup|colgroup`
: Gibt die Datenzellen an, für die die aktuelle Zelle die Kopfinformationen enthält. Der Wert `col` deutet an, daß die aktuelle Zelle als Kopfzeile für alle folgenden Zellen unterhalb dient. `colgroup` bedeutet, daß die aktuelle Zelle die Kopfzelle für die sie enthaltende Spaltengruppe ist. Der Wert `row` bedeutet, daß die aktuelle Zelle der Kopf für die restlichen Zellen dieser Zeile ist. `rowgroup` weist die aktuelle Zelle als Kopf für die sie enthaltende Zeilengruppe aus. Dadurch sollen Tabellen besser für nicht-visuelle Browser zugänglich gemacht werden.

<textarea>

`<textarea>...</textarea>`

NN 2, 3, 4, 6 MSIE 2, 3, 4, 5.5, 6 HTML 4.01 WebTV Opera5

Definiert ein mehrzeiliges Texteingabe-Element. Der in `<textarea>`-Tags enthaltene Text wird dargestellt, wenn das Formular geladen wird.

Attribute

`%coreattrs, %i18n, %events, onblur, onfocus, onchange`

`accesskey=`*`einzelnes Zeichen`*
: Weist dem Element ein Tastaturkürzel zu. Durch Betätigen dieser Taste erhält das Element den Fokus (d.h. es wird angesteuert und hervorgehoben).

`cols=Zahl`
: *Erforderlich.* Gibt die sichtbare Breite des Texteingabefelds in Anzahl von Zeichen an. Der Benutzer kann Textzeilen eingeben, die länger als diese Vorgabe sind; in diesem Fall wird die Eingabe nach rechts gescrollt (oder umbrochen, wenn der Browser diese Funktionalität bereitstellt).

`disabled`
: Schaltet das Formularelement für Benutzereingaben ab.

`name=Text`
: *Erforderlich.* Bestimmt den Namen für das Texteingabefeld. Dieser Name wird zusammen mit dem Elementinhalt an die formularverarbeitende Anwendung übergeben.

`rows=Zahl`
: *Erforderlich.* Liefert die Höhe des Texteingabefelds in Anzahl an Textzeilen. Gibt der Benutzer mehr Zeilen ein, als sichtbar sind, so wird das Textfeld entsprechend nach unten gescrollt.

`tabindex=Zahl`
: Weist dem aktuellen Element eine Position in der Tabulatorreihenfolge des aktuellen Dokuments zu.

`wrap=off|virtual|physical`
: *Nicht Standard.* Legt den Zeilenumbruch innerhalb des Textfelds fest. `off` schaltet den Zeilenumbruch ab und der Benutzer muß seine eigenen Umbrüche eingeben. `virtual` stellt einen Umbruch dar, die Zeilenenden werden jedoch nicht an den Server übergeben. `physical` stellt Zeilenumbrüche dar und übermittelt sie an den Server. Manche Browser unterstützen die browserspezifischen Werte `soft` anstelle von `virtual` und `hard` anstatt `physical`.

<tfoot>

`<tfoot>...</tfoot>` *(End-Tag optional)*

NN 2, 3, 4, **6** **MSIE** 2, **3, 4, 5, 5.5, 6** **HTML 4.01** WebTV Opera5

Definiert den Tabellenfuß und sollte Informationen über die Tabellenspalten enthalten. Dieses Tag gehört zu den von Internet Explorer eingeführten und in HTML 4.01 vorgeschlagenen »Zeilengruppierungs-Tags«. Ein `<tfoot>` muß mindestens eine Zeile (`<tr>`) enthalten.

Unter `<tbody>` finden Sie nähere Informationen sowie eine Liste aller Attribute.

<th>

<th>...</th> *(End-Tag optional)*

NN 2, 3, 4, 6 MSIE 2, 3, 4, 5, 5.5, 6 HTML 4.01 WebTV Opera5

Definiert eine Tabellenkopfzelle. Tabellenkopfzellen haben dieselbe Funktionalität wie Tabellendatenzellen (<td>). Im Browser wird der Inhalt einer Tabellenkopfzelle nomalerweise fett und horizontal sowie vertikal zentriert dargestellt (bei manchen Browsern ist dies jedoch anders). Das End-Tag ist optional.

Attribute

Für <th> gelten dieselben Attribute wie für <td>. Siehe Eintrag unter <td>.

<thead>

<thead>...</thead> *(End-Tag optional)*

NN 2, 3, 4, 6 MSIE 2, 3, 4, 5, 5.5, 6 HTML 4.01 WebTV Opera5

Definiert den Tabellenkopf und sollte Informationen über die Tabelle enthalten. Dieses Tag muß mindestens eine Zeile (<tr>) enthalten. <thead> gehört zu den von Internet Explorer eingeführten und in HTML 4.01 vorgeschlagenen »Zeilengruppierungs-Tags«.

Unter <tbody> finden Sie nähere Informationen sowie eine Liste aller Attribute.

<title>

<title>...</title>

NN 2, 3, 4, 6 MSIE 2, 3, 4, 5, 5.5, 6 HTML 4.01 WebTV Opera5

Erforderlich. Liefert den Dokumenttitel. Der Titel erscheint normalerweise in der Kopfleiste des Browserfensters. Laut HTML 4.01 sollten alle Dokumente einen aussagekräftigen Titel im <head>-Abschnitt des Dokuments aufweisen.

Attribute

%i18n

<tr>

<tr>...</tr> *(End-Tag optional)*

NN 2, 3, 4, 6 MSIE 2, 3, 4, 5, 5.5, 6 HTML 4.01 WebTV Opera5

Definiert eine Tabellenzeile innerhalb einer Tabelle. Eine von <tr>-Tags umschlossene Zeile darf nur Tabellenzellen (<td>) enthalten.

Die Einstellungen in `<tr>` wirken sich auf alle Zellen in dieser Zeile aus, Einstellungen auf Zellebene haben jedoch Vorrang vor den Einstellungen auf Zeilenebene.

Attribute

`%coreattrs, %i18n, %events`

`align=left|center|right|justify|char`
: *Veraltet.* Richtet den Text (oder die Elemente) innerhalb der Zellen der aktuellen Zeile aus. Dieses Attribut wurde in HTML 4.01 zugunsten der Ausrichtung über Stylesheets für veraltet erklärt.

`bgcolor="`*`#rrggbb`*`"` oder *`Farbname`*
: Gibt eine Farbe an, die in der Zeile verwendet werden soll. Die Zeilenhintergrundfarbe hat Vorrang vor der auf Tabellenebene angegebenen Farbe.

`char=`*`Zeichen`*
: Gibt ein Zeichen an, an dem der Zellinhalt ausgerichtet wird. Standardzeichen ist der Dezimalpunkt (je nach Spracheinstellung). Dieses Attribut wird von den meisten Browsern nicht unterstützt.

`charoff=`*`Länge`*
: Gibt den Abstand zum ersten Ausrichtungszeichen (`char`) in jeder Zeile an. Verwendet eine Zeile kein Ausrichtungszeichen, sollte sie horizontal so ausgerichtet werden, daß sie an der Ausrichtungsposition endet. Dieses Attribut wird von den meisten Browsern nicht unterstützt.

`valign=top|middle|bottom|baseline`
: *Veraltet.* Gibt die vertikale Ausrichtung des Texts (oder anderer Elemente) innerhalb der Zellen in der aktuellen Zeile an.

Nur Internet Explorer

`background=`*`URL der Bilddatei`*
: Gibt eine Grafik an, die als Hintergrundkachel für die Zeile verwendet werden soll.

`bordercolor="`*`#rrggbb`*`"` oder *`Farbname`*
: Definiert die Umrandungsfarbe der Zeile.

`bordercolordark="`*`#rrggbb`*`"` oder *`Farbname`*
: Definiert die dunklere Farbe der 3D-Zeilenumrandung.

`bordercolorlight="#rrggbb"` oder *Farbname*
: Definiert die hellere Farbe der 3D-Zeilenumrandung.

<tt>

`<tt>...</tt>`

NN 2, 3, 4, 6 MSIE 2, 3, 4, 5, 5.5, 6 HTML 4.01 WebTV Opera5

Der enthaltene Text wird in Schreibmaschinenschrift formatiert. Der Text innerhalb eines `<tt>`-Tags wird normalerweise in einer Nichtproportionalschrift wie Courier dargestellt.

Attribute

`%coreattrs, %i18n, %events`

<u>

`<u>...</u>`

NN 2, 3, 4, 6 MSIE 2, 3, 4, 5, 5.5, 6 HTML 4.01 WebTV Opera5

Veraltet. Der enthaltene Text wird unterstrichen dargestellt. HTML 4.01 gibt für diesen Effekt Stylesheets den Vorzug.

Attribute

`%coreattrs, %i18n, %events`

<ul>

`<ul>...</ul>`

NN 2, 3, 4, 6 MSIE 2, 3, 4, 5, 5.5, 6 HTML 4.01 WebTV Opera5

Definiert den Anfang und das Ende einer ungeordneten (Bullet-) Liste, die `<li>`-Listeneinträge enthält. Die Bullets für die Listeneinträge werden vom Browser automatisch eingefügt.

Attribute

`%coreattrs, %i18n, %events`

`compact`
: *Veraltet.* Stellt die Liste so kompakt wie möglich dar. Nur wenige Browser unterstützen dieses Attribut.

`type=disc|circle|square`
: *Veraltet.* Definiert die Bullet-Form für die Listeneinträge.

<var>

<var>...</var>

NN 2, 3, 4, 6 MSIE 2, 3, 4, 5, 5.5, 6 HTML 4.01 WebTV Opera5

Hebt Variablen und Programmargumente hervor, normalerweise kursiv.

Attribute

%coreattrs, %i18n, %events

<wbr>

<wbr>

NN 2, 3, 4, 6 MSIE 2, 3, 4, 5, 5.5, 6 HTML 4.01 WebTV **Opera5**

Nicht Standard. Gibt eine mögliche Umbruchstelle in einem Wort an. Das <wbr>-Tag funktioniert nur in mit <nobr> formatiertem Text und erzeugt nur dann einen Umbruch, wenn die aktuelle Zeile bereits über den Rand des Browserfensters hinausreicht.

Zeichenbeschreibungen (Character Entities)

Zeichen, die nicht im normalen alphanumerischen Zeichensatz enthalten sind, z.B. © oder &, müssen in HTML über Zeichenbeschreibungen (Character Entities) angegeben werden. Zeichenbeschreibungen können über einen (mnemonischen) Namen (&name;) oder einen numerischen Wert (&#nnn;) angegeben werden. Der Browser interpretiert die Zeichenkette und stellt das entsprechende Zeichen dar. Verwenden Sie vorzugsweise Namensbeschreibungen, da numerische Werte auf den verschiedenen Plattformen unterschiedlich interpretiert werden können.

Ist nichts anderes angegeben, so wurden die Beschreibungen in HTML 2.0 oder einer neueren Version eingeführt und funktionieren mit so gut wie allen Browsern. »4.0« in der Spalte »Version« gibt an, daß die Zeichenbeschreibung Bestandteil der HTML 4.01-Spezifikation ist und nur von Internet Explorer und Navigator 4.0 und neueren Versionen unterstützt wird. Ein »N« bedeutet, daß das Zeichen eine nicht standardgemäße Entity ist. (Klammerausdrücke in der Zeichen-»Beschreibung« dienen als Gedächtnisstütze für den Entity-»Name«. – Anm. d. Ü.)

Nummer	Name	Symbol	Beschreibung	Version
			Horizontaltabulator	
		Zeilenvorschub, Line Feed	
		Wagenrücklauf, Carriage Return	
			Leerzeichen	
!		!	Ausrufezeichen	
"	"	"	Anführungszeichen	
#		#	Doppelkreuz, Nummernzeichen	
$		$	Dollar-Zeichen	
%		%	Prozentzeichen	
&	&	&	Kaufmanns-Und (Ampersand)	
'		'	Einfaches Anführungszeichen	
(		(	Klammer links	
)		)	Klammer rechts	
*		*	Sternchen, Asterisk	
+		+	Pluszeichen	
,		,	Komma	
-		-	Bindestrich	
.		.	Punkt	
/		/	Schrägstrich	
0–9		0 – 9	Zahlen 0 – 9	
:		:	Doppelpunkt	
;		;	Semikolon	
<	<	<	Kleiner-als (Less than)	
=		=	Gleichheitszeichen	
>	>	>	Größer-als (Greater than)	
?		?	Fragezeichen	

Nummer	Name	Symbol	Beschreibung	Version
@		@	At-Zeichen	
A-Z		A – Z	Buchstaben A – Z	
[		[	Eckige Klammer links	
\		\	Umgekehrter Schrägstrich, Backslash	
]		]	Eckige Klammer rechts	
^		^	Caret	
_		_	Unterstrich	
`		`	Grave-Akzent	
a-z		a – z	Buchstaben a – z	
{		{	Geschweifte Klammer links	
			|	Vertikalstrich	
}		}	Geschweifte Klammer rechts	
~		~	Tilde	
‚		‚	Einfaches Anführungszeichen links	N
ƒ		ƒ	Florin	N
„		„	Doppeltes Anführungszeichen links	N
…		…	Ellipse, Auslassungszeichen	N
†		†	Dolch	N
‡		‡	Doppel-Dolch	N
ˆ		ˆ	Zirkumflex, »Hütchen«	N
‰		‰	Promille-Zeichen	N
Š		Š	Großes S mit Häkchen	N
‹		‹	Einfaches spitzes Anführungszeichen rechts	N
Œ		Œ	Große OE-Ligatur	N
‘		‘	Einfaches Anführungszeichen rechts (USA: links)	N
’		’	Apostroph (USA: Einfaches Anführungszeichen rechts)	N

Nummer	Name	Symbol	Beschreibung	Version
“		“	Doppeltes Anführungszeichen rechts (USA: links)	N
”		”	USA: Doppeltes Anführungszeichen rechts	N
•		•	Bullet	N
–		–	Gedankenstrich kurz	N
—		—	Gedankenstrich lang	N
˜		˜	Tilde	N
™		™	Trademark-Zeichen	N
š		š	Kleines s mit Häkchen	N
›		›	Einfaches spitzes Anführungszeichen links	N
œ		œ	Kleine oe-Ligatur	N
Ÿ		Ÿ	Großes Y mit Umlaut	N
			Festes Leerzeichen (Nonbreaking space)	4.0
¡	¡	¡	Spanisches Ausrufezeichen	4.0
¢	¢	¢	Cent-Symbol	4.0
£	£	£	Pfund-Symbol	4.0
¤	¤	¤	Allgemeines Währungssymbol [a]	4.0
¥	¥	¥	Yen-Symbol	4.0
¦	¦	¦	Unterteilter Vertikalstrich	4.0
§	§	§	Abschnittszeichen (Section)	4.0
¨	¨	¨	Umlaut	4.0
©	©	©	Copyright	4.0
ª	ª	ª	Ordinal feminin	4.0
«	«	«	Spitze Anführungszeichen rechts (USA: links)	4.0
¬	¬	¬	Nicht-Zeichen	4.0
		–	Weicher Bindestrich (Soft hyphen)	4.0
®	®	®	Eingetragenes Warenzeichen	4.0
¯	¯	¯	Makron-Akzent	4.0

Nummer	Name	Symbol	Beschreibung	Version
°	°	°	Gradzeichen	4.0
±	±	±	Plus-Minus	4.0
²	²	^{2}	Hoch 2	4.0
³	³	^{3}	Hoch 3	4.0
´	´	´	Akut-Akzent	4.0
µ	µ	µ	Mikro-Zeichen	4.0
¶	¶	¶	Absatzzeichen	4.0
·	·	·	Punkt in der Zeilenmitte	4.0
¸	¸	¸	Cedille	4.0
¹	¹	^{1}	Hoch 1	4.0
º	º	º	Ordinal maskulin	4.0
»	»	»	Spitze Anführungszeichen links (USA: rechts)	4.0
¼	¼	¼	Bruch Ein-Viertel	4.0
½	½	½	Bruch Ein-Halb	4.0
¾	¾	¾	Bruch Drei-Viertel	4.0
¿	¿	¿	Spanisches Fragezeichen	4.0
À	À	À	Großes A mit Grave-Akzent	
Á	Á	Á	Großes A mit Akut-Akzent	
Â	Â	Â	Großes A mit Zirkumflex	
Ã	Ã	Ã	Großes A mit Tilde	
Ä	Ä	Ä	Großes A mit Umlaut	
Å	Å	Å	Großes A mit Ring	
Æ	Æ	Æ	Große AE-Ligatur	
Ç	Ç	Ç	Großes C mit Cedille	
È	È	È	Großes E mit Grave-Akzent	
É	É	É	Großes E mit Akut-Akzent	
Ê	Ê	Ê	Großes E mit Zirkumflex	
Ë	Ë	Ë	Großes E mit Umlaut	
Ì	Ì	Ì	Großes I mit Grave-Akzent	

Nummer	Name	Symbol	Beschreibung	Version
Í	Í	Í	Großes I mit Akut-Akzent	
Î	Î	Î	Großes I mit Zirkumflex	
Ï	Ï	Ï	Großes I mit Umlaut	
Ð	Ð	Ð	Großes Eth, Isländisch	
Ñ	Ñ	Ñ	Großes N mit Tilde	
Ò	Ò	Ò	Großes O mit Grave-Akzent	
Ó	Ó	Ó	Großes O mit Akut-Akzent	
Ô	Ô	Ô	Großes O mit Zirkumflex	
Õ	Õ	Õ	Großes O mit Tilde	
Ö	Ö	Ö	Großes O mit Umlaut	
×	×	×	Multiplikationszeichen	4.0
Ø	Ø	Ø	Großes O mit Schrägstrich	
Ù	Ù	Ù	Großes U mit Grave-Akzent	
Ú	Ú	Ú	Großes U mit Akut-Akzent	
Û	Û	Û	Großes U mit Zirkumflex	
Ü	Ü	Ü	Großes U mit Umlaut	
Ý	Ý	Ý	Großes Y mit Akut-Akzent	
Þ	Þ	Þ	Großes Thorn, Isländisch	
ß	ß	ß	Kleine sz-Ligatur, Deutsch	
à	à	à	Kleines a mit Grave-Akzent	
á	á	á	Kleines a mit Akut-Akzent	
â	â	â	Kleines a mit Zirkumflex	
ã	ã	ã	Kleines a mit Tilde	
ä	ä	ä	Kleines a mit Umlaut	
å	å	å	Kleines a mit Ring	
æ	æ	æ	Kleine ae-Ligatur	
ç	ç	ç	Kleines c mit Cedille	
è	è	è	Kleines e mit Grave-Akzent	
é	é	é	Kleines e mit Akut-Akzent	
ê	ê	ê	Kleines e mit Zirkumflex	

Nummer	Name	Symbol	Beschreibung	Version
ë	ë	ë	Kleines e mit Umlaut	
ì	ì	ì	Kleines i mit Grave-Akzent	
í	í	í	Kleines i mit Akut-Akzent	
î	î	î	Kleines i mit Zirkumflex	
ï	ï	ï	Kleines i mit Umlaut	
ð	ð	ð	Kleines eth, Isländisch	
ñ	ñ	ñ	Kleines n mit Tilde	
ò	ò	ò	Kleines o mit Grave-Akzent	
ó	ó	ó	Kleines o mit Akut-Akzent	
ô	ô	ô	Kleines o mit Zirkumflex	
õ	õ	õ	Kleines o mit Tilde	
ö	ö	ö	Kleines o mit Umlaut	
÷	÷	÷	Divisionszeichen	4.0
ø	ø	ø	Kleines o mit Schrägstrich	
ù	ù	ù	Kleines u mit Grave-Akzent	
ú	ú	ú	Kleines u mit Akut-Akzent	
û	û	û	Kleines u mit Zirkumflex	
ü	ü	ü	Kleines u mit Umlaut	
ý	ý	ý	Kleines y mit Akut-Akzent	
þ	þ	þ	Kleines thorn, Isländisch	
ÿ	ÿ	ÿ	Kleines y mit Umlaut	

[a] Die Codierung für das Euro-Symbol ist € bzw. € – Anm. d. Ü.

Erweiterte HTML 4.01-Entities

HTML 4.01 führt eine breite Vielfalt neuer Zeichenbeschreibungen für andere Sprachen, mathematische Zeichen und andere Symbole ein. Diese werden nur von den neuesten Browsern unterstützt (IE 5.5 und NN 6, wobei NN 4.x aber zumindest Latin Extended-A unterstützt).

Latin Extended-A

Nummer	Name	Symbol	Beschreibung	Version
Œ	Œ	Œ	Große OE-Ligatur	4.0
œ	œ	œ	Kleine oe-Ligatur	4.0
Š	Š	Š	Großes S mit Häkchen	4.0
š	š	š	Kleines s mit Häkchen	4.0
&#376	Ÿ	Ÿ	Großes Y mit Umlaut	4.0

Latin Extended-B

Nummer	Name	Symbol	Beschreibung	Version
ƒ	ƒ	ƒ	Florin	4.0

Sonstige Zeichen

Nummer	Name	Symbol	Beschreibung	Version
ˆ	ˆ	ˆ	Zirkumflex	4.0
˜	˜	˜	Tilde	4.0

Griechisch

Nummer	Name	Symbol	Beschreibung	Version
Α	Α	Α	Großes Alpha	4.0
Β	Β	Β	Großes Beta	4.0
Γ	Γ	Γ	Großes Gamma	4.0
Δ	Δ	Δ	Großes Delta	4.0
Ε	Ε	Ε	Großes Epsilon	4.0
Ζ	Ζ	Ζ	Großes Zeta	4.0
&#919	Η	Η	Großes Eta	4.0
Θ	Θ	Θ	Großes Theta	4.0

Nummer	Name	Symbol	Beschreibung	Version
Ι	Ι	Ι	Großes Iota	4.0
Κ	Κ	Κ	Großes Kappa	4.0
Λ	Λ	Λ	Großes Lambda	4.0
Μ	Μ	Μ	Großes My	4.0
Ν	Ν	Ν	Großes Ny	4.0
Ξ	Ξ	Ξ	Großes Xi	4.0
Ο	Ο	Ο	Großes Omikron	4.0
Π	Π	Π	Großes Pi	4.0
Ρ	Ρ	Ρ	Großes Rho	4.0
Σ	Σ	Σ	Großes Sigma	4.0
Τ	Τ	Τ	Großes Tau	4.0
Υ	Υ	Υ	Großes Ypsilon	4.0
Φ	Φ	Φ	Großes Phi	4.0
Χ	Χ	Χ	Großes Chi	4.0
Ψ	Ψ	Ψ	Großes Psi	4.0
Ω	Ω	Ω	Großes Omega	4.0
α	α	α	Kleines Alpha	4.0
β	β	β	Kleines Beta	4.0
γ	γ	γ	Kleines Gamma	4.0
δ	δ	δ	Kleines Delta	4.0
ε	ε	ε	Kleines Epsilon	4.0
ζ	ζ	ζ	Kleines Zeta	4.0
η	η	η	Kleines Eta	4.0
θ	θ	θ	Kleines Theta	4.0
ι	ι	ι	Kleines Iota	4.0
κ	κ	κ	Kleines Kappa	4.0
λ	λ	λ	Kleines Lambda	4.0
μ	μ	μ	Kleines My	4.0
ν	ν	ν	Kleines Ny	4.0

Nummer	Name	Symbol	Beschreibung	Version
ξ	ξ	ξ	Kleines Xi	4.0
ο	ο	ο	Kleines Omikron	4.0
π	π	π	Kleines Pi	4.0
ρ	ρ	ρ	Kleines Rho	4.0
ς	ς	ς	Kleines abschließendes Sigma	4.0
σ	σ	σ	Kleines Sigma	4.0
τ	τ	τ	Kleines Tau	4.0
υ	υ	υ	Kleines Ypsilon	4.0
φ	φ	φ	Kleines Phi	4.0
χ	χ	χ	Kleines Chi	4.0
ψ	ψ	ψ	Kleines Psi	4.0
ω	ω	ω	Kleines Omega	4.0
ϑ	ϑ	ϑ	Kleines Theta-Symbol	4.0
ϒ	ϒ	ϒ	Griechisches Ypsilon mit Häkchen	4.0
ϖ	ϖ	ϖ	Griechisches Pi-Symbol	4.0

Allgemeine Zeichensetzung

Nummer	Name	Symbol	Beschreibung	Version
			Leerzeichen Breite n	4.0
			Leerzeichen Breite m	4.0
			Schmales Leerzeichen (Thin space)	4.0
‌	‌	erscheint nicht	Nichtverbinder Breite Null (Zero-width non-joiner)	4.0
‍	‍	erscheint nicht	Verbinder Breite Null (Zero-width joiner)	4.0
‎	‎	erscheint nicht	Links-nach-rechts-Zeichen (Left-to-right mark)	4.0
&#8207	‏	erscheint nicht	Rechts-nach-links-Zeichen (Right-to-left mark)	4.0

Nummer	Name	Symbol	Beschreibung	Version
–	–	–	Gedankenstrich kurz	4.0
—	—	—	Gedankenstrich lang	4.0
‘	‘	‘	Einfaches Anführungszeichen rechts (USA: links)	4.0
’	’	’	Apostroph (USA: Einfaches Anführungszeichen rechts)	4.0
‚	‚	‚	Einfaches Anführungszeichen links (Single low-9 quotation mark)	4.0
“	“	“	Doppeltes Anführungszeichen rechts (USA: links)	4.0
”	”	”	USA: Doppeltes Anführungszeichen rechts	4.0
„	„	„	Doppeltes Anführungszeichen links (Double low-9 quotation mark)	4.0
†	†	†	Dolch	4.0
‡	‡	‡	Doppeldolch	4.0
•	•	•	Aufzählungspunkt (Bullet)	4.0
…	…	…	(horizontale) Ellipse	4.0
‰	‰	‰	Promille-Zeichen	4.0
′	′	′	Minuten- oder Fuß-Zeichen	4.0
″	″	″	Sekunden- oder Zoll-Zeichen	4.0
‹	‹	‹	Einfaches spitzes Anführungszeichen links bzw. rechts	4.0
›	›	›	Einfaches spitzes Anführungszeichen rechts bzw. links	4.0
‾	‾	‾	Überstrich (Overline)	4.0
⁄	⁄	⁄	Schräger Bruchstrich (Fraction slash)	4.0
€	€	€	Euro-Zeichen	4.0

Buchstabensymbole

Nummer	Name	Symbol	Beschreibung	Version
℘	℘	℘	Weierstrass-P	4.0
ℑ	ℑ	ℑ	Imaginär-Zeichen	4.0
ℜ	ℜ	ℜ	Real-Zeichen	4.0
™	™	™	Trademark-Zeichen	4.0
ℵ	ℵ	ℵ	Mathematisches Alef-Symbol	4.0

Pfeile

Nummer	Name	Symbol	Beschreibung	Version
←	←	←	Pfeil nach links (Left arrow)	4.0
↑	↑	↑	Pfeil nach oben (Up arrow)	4.0
→	→	→	Pfeil nach rechts (Right arrow)	4.0
↓	↓	↓	Pfeil nach unten (Down arrow)	4.0
↔	↔	↔	Pfeil nach rechts und links (Horizontal arrow)	4.0
↵	↵	↵	Pfeil nach unten mit Ecke nach links	4.0
⇐	⇐	⇐	Doppelter Pfeil nach links (Leftwards double arrow)	4.0
⇑	⇑	⇑	Doppelter Pfeil nach oben (Upwards double arrow)	4.0
⇒	⇒	⇒	Doppelter Pfeil nach rechts (Rightwards double arrow)	4.0
⇓	⇓	⇓	Doppelter Pfeil nach unten (Downwards double arrow)	4.0
⇔	⇔	⇔	Doppelter Pfeil nach links und rechts (Horizontal double arrow)	4.0

Mathematische Operatoren

Nummer	Name	Symbol	Beschreibung	Version
∀	∀	∀	Für alle	4.0
∂	∂	∂	Partielle Ableitung	4.0
∃	∃	∃	Existiert	4.0
∅	∅	∅	Leere Menge	4.0
∇	∇	∇	Nabla, Gradient	4.0
∈	∈	∈	Ist Element von	4.0
&#8713	∉	∉	Ist nicht Element von	4.0
∋	∋	∋	Enthält als Element	4.0
∏	∏	∏	Produkt-Zeichen	4.0
∑	∑	Σ	Summen-Zeichen	4.0
−	−	−	Minus-Zeichen	4.0
∗	∗	*	Sternchen-Operator, Asterisk	4.0
√	√	√	Quadratwurzel (Radical sign)	4.0
∝	∝	∝	Proportional-Zeichen	4.0
∞	∞	∞	Unendlich-Zeichen (Infinity)	4.0
∠	∠	∠	Winkel (Angle)	4.0
∧	∧	∧	Logisches Und	4.0
∨	∨	∨	Logisches Oder	4.0
∩	∩	∩	Schnittmenge (Cap)	4.0
∪	∪	∪	Vereinigungsmenge (Cup)	4.0
∫	∫	∫	Integral-Zeichen	4.0
∴	∴	∴	Deshalb (Therefore)	4.0
∼	∼	∼	Ähnlich wie (Similar to)	4.0
≅	≅	≅	Annähernd gleich	4.0
≈	≈	≈	Rund, etwa (Asymptotic to)	4.0
≠	≠	≠	Ungleich (Not equal to)	4.0
≡	≡	≡	Identisch (Equivalent to)	4.0

Nummer	Name	Symbol	Beschreibung	Version
≤	≤	≤	Kleiner-oder-gleich (Less than or equal to)	4.0
≥	≥	≥	Größer-oder-gleich (Greater than or equal to)	4.0
⊂	⊂	⊂	Teil- oder Untermenge von (Subset of)	4.0
⊃	⊃	⊃	Obermenge von (Superset of)	4.0
⊄	⊄	⊄	Keine Untermenge von (Not a subset of)	4.0
⊆	⊆	⊆	Untermenge von oder gleich mit (Subset of or equal to)	4.0
⊇	⊇	⊇	Obermenge von oder gleich mit (Superset of or equal to)	4.0
⊕	⊕	⊕	Direkte Summe (Circled plus)	4.0
⊗	⊗	⊗	Vektorprodukt (Circled times)	4.0
⊥	⊥	⊥	Orthogonal, senkrecht zu (Perpendicular)	4.0
⋅	⋅	⋅	Punkt-Operator (Dot)	4.0

Sonstige technische Symbole

Nummer	Name	Symbol	Beschreibung	Version
⌈	⌈	⌈	Große eckige Klammer oben links (Left ceiling)	4.0
⌉	⌉	⌉	Große eckige Klammer oben rechts (Right ceiling)	4.0
⌊	⌊	⌊	Große eckige Klammer unten links (Left floor)	4.0
⌋	⌋	⌋	Große eckige Klammer unten rechts (Right floor)	4.0
〈	⟨	〈	Große spitze Klammer links (Left-pointing angle bracket)	4.0
〉	⟩	〉	Große spitze Klammer rechts (Right-pointing angle bracket)	4.0

Geometrische Formen

Nummer	Name	Symbol	Beschreibung	Version
◊	◊	◊	Raute (Lozenge)	4.0

Sonstige Symbole

Nummer	Name	Symbol	Beschreibung	Version
♠	♠	♠	Pik-Zeichen (Black spade suit)	4.0
♣	♣	♣	Kreuz-Zeichen (Black club suit)	4.0
♥	♥	♥	Herz-Zeichen (Black heart suit)	4.0
♦	♦	♦	Karo-Zeichen (Black diamond suit)	4.0

Dezimal-Hexadezimal-Umrechnungstabelle

dec = hex	dec = hex	dec = hex	dec = hex	dec = hex	dec = hex
0 = 00	43 = 2B	86 = 56	129 = 81	172 = AC	215 = D7
1 = 01	44 = 2C	87 = 57	130 = 82	173 = AD	216 = D8
2 = 02	45 = 2D	88 = 58	131 = 83	174 = AE	217 = D9
3 = 03	46 = 2E	89 = 59	132 = 84	175 = AF	218 = DA
4 = 04	47 = 2F	90 = 5A	133 = 85	176 = B0	219 = DB
5 = 05	48 = 30	91 = 5B	134 = 86	177 = B1	220 = DC
6 = 06	49 = 31	92 = 5C	135 = 87	178 = B2	221 = DD
7 = 07	50 = 32	93 = 5D	136 = 88	179 = B3	222 = DE
8 = 08	51 = 33	94 = 5E	137 = 89	180 = B4	223 = DF
9 = 09	52 = 34	95 = 5F	138 = 8A	181 = B5	224 = E0
10 = 0A	53 = 35	96 = 60	139 = 8B	182 = B6	225 = E1
11 = 0B	54 = 36	97 = 61	140 = 8C	183 = B7	226 = E2
12 = 0C	55 = 37	98 = 62	141 = 8D	184 = B8	227 = E3
13 = 0D	56 = 38	99 = 63	142 = 8E	185 = B9	228 = E4
14 = 0E	57 = 39	100 = 64	143 = 8F	186 = BA	229 = E5
15 = 0F	58 = 3A	101 = 65	144 = 90	187 = BB	230 = E6
16 = 10	59 = 3B	102 = 66	145 = 91	188 = BC	231 = E7
17 = 11	60 = 3C	103 = 67	146 = 92	189 = BD	232 = E8
18 = 12	61 = 3D	104 = 68	147 = 93	190 = BE	233 = E9
19 = 13	62 = 3E	105 = 69	148 = 94	191 = BF	234 = EA
20 = 14	63 = 3F	106 = 6A	149 = 95	192 = C0	235 = EB
21 = 15	64 = 40	107 = 6B	150 = 96	193 = C1	236 = EC
22 = 16	65 = 41	108 = 6C	151 = 97	194 = C2	237 = ED
23 = 17	66 = 42	109 = 6D	152 = 98	195 = C3	238 = EE
24 = 18	67 = 43	110 = 6E	153 = 99	196 = C4	239 = EF
25 = 19	68 = 44	111 = 6F	154 = 9A	197 = C5	240 = F0
26 = 1A	69 = 45	112 = 70	155 = 9B	198 = C6	241 = F1
27 = 1B	70 = 46	113 = 71	156 = 9C	199 = C7	242 = F2
28 = 1C	71 = 47	114 = 72	157 = 9D	200 = C8	243 = F3
29 = 1D	72 = 48	115 = 73	158 = 9E	201 = C9	244 = F4
30 = 1E	73 = 49	116 = 74	159 = 9F	202 = CA	245 = F5
31 = 1F	74 = 4A	117 = 75	160 = A0	203 = CB	246 = F6
32 = 20	75 = 4B	118 = 76	161 = A1	204 = CC	247 = F7
33 = 21	76 = 4C	119 = 77	162 = A2	205 = CD	248 = F8
34 = 22	77 = 4D	120 = 78	163 = A3	206 = CE	249 = F9
35 = 23	78 = 4E	121 = 79	164 = A4	207 = CF	250 = FA
36 = 24	79 = 4F	122 = 7A	165 = A5	208 = D0	251 = FB
37 = 25	80 = 50	123 = 7B	166 = A6	209 = D1	252 = FC
38 = 26	81 = 51	124 = 7C	167 = A7	210 = D2	253 = FD
39 = 27	82 = 52	125 = 7D	168 = A8	211 = D3	254 = FE
40 = 28	83 = 53	126 = 7E	169 = A9	212 = D4	255 = FF
41 = 29	84 = 54	127 = 7F	170 = AA	213 = D5	
42 = 2A	85 = 55	128 = 80	171 = AB	214 = D6	